Wolfgang Krumnacker

# Vier Tassen für Uschi

und andere blödsinnige
Geschichten

Lieber Leser,
da dieses Buch in Eigenarbeit lektoriert wurde
bitte ich, eventuelle kleine Unstimmigkeiten bezüglich
alter und neuer Rechtschreibung zu entschuldigen.
Ich denke, beim nächsten, übernächsten oder ...Buch
wird alles anders.

Ich wünsche Ihnen viel Spaß beim Lesen.

Wolfgang Krumnacker

ISBN: 3-8311-4271-8

**Covergestalung / Illustrationen:**
Petra Fröning

**Satz:**
Digital-Grafik-Hoch

**Herstellung:**
Books on Demand GmbH, Norderstedt

# INHALT

# Vier Tassen
# für Uschi

# Vier Tassen für Uschi

Ahnungslos, in seine Arbeit vertieft, saß Wolfgang Krumnacker in seinem Büro auf der Münsterstraße, als zwei Streifenwagen mit Blaulicht vor dem Büro hielten und vier Polizisten das Büro stürmten.

„Sind Sie Wolfgang Krumnacker?" fragten sie den total verängstigten, vor lauter Angst unter den Schreibtisch gekrochenen Wolfgang Krumnacker.

Erinnerte er sich doch an so manche Untat in seinem Leben.

„Ja" hauchte er mit leiser, vor Angst fast versagender Stimme.

In seinem Unterbewusstsein liefen Bilder von Handschellen, Gefängnis, Gitterstäben und schlechtem Essen (das wäre das Schlimmste) vor seinem geistigen Auge ab.

„Ihre Frau hat versucht Sie zu erreichen und konnte Sie weder über Ihr Bürotelefon noch über Handy erreichen. In ihrer Verzweiflung hat sie uns angerufen, weil sie einen dringenden Brief aus dem Ausland bekommen hat und Sie sofort reagieren müssen."

Brief aus dem Ausland? Sofort reagieren? Was konnte passiert sein?

Verwandte gab es nicht im Ausland.

Also KEIN Todesfall!

Was aber sonst? Mit zitternden Händen griff er zum Telefon und versuchte seine Doris zu erreichen.

Nach mehrmaligen Wählversuchen erklang endlich das erlösende Freizeichen im Telefon. Beim zweiten Klingeln meldete sich seine Doris und trompetete die Worte „Strauss und Tassen" ins Telefon.

„Wer ist Strauss und welche Tassen?" fragte er.

„Du kennst doch die Filialen des Kaufhauses Strauss in Düsseldorf, stell dich nicht so blöd an," brüllte seine heißgeliebte Ehefrau ins Telefon.

Natürlich kannte er das Kaufhaus Strauss. Nach den Tassen wagte er nicht mehr zu fragen. Sie wird es mir gleich von alleine erklären, dachte er im stillen.

Die Uschi hat mir aus Libyen geschrieben, ich soll ihr noch vier von den Tassen besorgen, die ich letztens mit ihr zusammen, auch für uns, bei Strauss gekauft habe.

Die Katastrophe war perfekt!

An Tassen konnte er sich erinnern, aber nicht mehr wie sie aussahen.

Jetzt zu fragen, welche Tassen, käme einer Kriegserklärung gleich.

Also musste er taktieren.

„Die Kleinen oder die Großen?" fragte er.

„Nicht die Espressotassen, sondern das gleiche Dekor in groß."

Gerettet!

An die Espressotassen konnte er sich erinnern.

Warum aber die Polizei, fragte er mit leicht devoter Stimme, um seine Doris nicht wieder zu reizen.

„Mann, du kapierst aber auch gar nichts", brüllte sie sofort wieder durchs Telefon.

„Vielleicht sind die Tassen sogar schon ausverkauft. Um überhaupt noch eine Chance zu haben doch noch welche zu bekommen, zählt jede Sekunde und ich konnte dich nicht erreichen.

Also blieb mir als letzte Möglichkeit nur die Polizei."

Das sollte verstehen wer wollte, er verstand diesen Aufstand wegen vier Tassen nicht.

Diese Gedanken sprach er selbstverständlich nicht aus.

Er war schließlich kein Selbstmörder.

Alles, was sofort Kaufen und sofort Besorgen anbetraf, verstand seine Doris keinen Spaß. In solchen Momenten nicht zu reagieren, war MEHR als eine Kriegserklärung.

Die Reaktion seiner Doris in solchen Fällen war nur dem gleichzeitigen Ausbruch sämtlicher Vulkane auf dieser Erde zu vergleichen.

Oder mit einer totalen Sonnenfinsternis.

Wobei die Sonnenfinsternis meist nicht so lange dauerte und die Welt danach wieder in vollem Licht erstrahlte.

Die Worte „Sofort Kaufen und sofort Besorgen" nicht zu befolgen, zog meistens eine lange Finsternis nach sich.

Das waren dann die Momente, wo Wolfgang mit seinem Hausarzt überlegte, ob nicht eine kleine Operation fällig wäre, die einen mindestens fünftägigen Klinikaufenthalt notwendig machte.

Wenn er dann nach Hause kam, würde die Welt wieder hell erstrahlen und seine Doris sich liebevoll um ihren wiedergenesenen Wolfgang kümmern.

Bis zur nächsten Sonnenfinsternis.

Das aber waren alles Gedankenspiele.

Jetzt hieß die Parole „Strauss und Tassen" und das Verhindern einer neuen Sonnenfinsternis.

Dazu zählte auch der Versuch, die Polizeibeamten mittels einer kleinen Spende für das nächste Polizeifest zu bewegen, ihm den Weg zum Kaufhaus Strauss per Blaulicht und Sirene frei zu machen.

Was diese natürlich mit dem Hinweis, man sei Polizist und kein Politiker, ablehnten. Selbst Begriffe wie Sonnenfinsternis, eventuell notwendige Operationen, das Leben eines gestressten Ehemanns retten oder der Hinweis auf eine neue Katastrophe in Form einer Uschi aus Libyen, die ihre vier Tassen nicht mehr bekommen hat, konnten die Beamten nicht umstimmen.

Seine Gedanken rasten, welche Filiale von Strauss war die nächste?

Welche Filiale war am schnellsten zu erreichen?

Machte es Sinn, telefonisch zu erfragen, ob die Tassen noch vorrätig waren, um dann gleich vier Stück reservieren zu lassen?

Oder verlor er dadurch zuviel Zeit?

Ihm wurde immer klarer, dass es für ihn nur eine Möglichkeit gab - auf dem schnellsten Weg zur nächsten Strauss-Filiale.

Ab sofort interessierte ihn keine Straßenverkehrsordnung und kein Handyverbot am Steuer mehr.

In seinem Gehirn machten sich nur noch zwei Worte breit: Tassen und Sonnenfinsternis.

Alles andere war nebensächlich.

Im Laufschritt stürmte er in Richtung Parkplatz zu seinem Auto.

Seinen Zusammenstoss mit dem Briefträger und den Hunderten sich auf dem Boden verteilenden Briefe bekam er nur im Unterbewusstsein mit.

Wohl aber die Tatsache, dass sein Auto zugeparkt war!

Mit einem Ruck blieb er stehen und sein Blutdruck schoss über den oberen Rand der nach oben offenen Blutdruckskala.

Sein Puls nahm die Geschwindigkeit eines Überschallflugzeugs an.

Dann aber, an die Sonnenfinsternis denkend, gewann sein klarer Verstand die Oberhand und er stellte eine kurze Analyse über die Situation des zugeparkten Autos auf.

Es gab nur eine Möglichkeit, rein ins Auto, den Motor anlassen, Gang rein und das vor ihm geparkte Auto mit Gewalt zur Seite schieben.

Über mit Sicherheit auftretende Blechschäden und Versicherungsfragen konnte man sich im Nachhinein noch kümmern.

Wichtig war, er konnte losfahren und die Tassen für Uschi besorgen.

Was zählten da Blechschäden oder gesundheitliche Probleme eines Ehemannes einer Freundin, die ihrer Freundin in Libyen vier Tassen versprochen hatte?

Zum Glück sprang der Wagen sofort an. Nach zweimaligem Rammen des

„Falschparkers" war der Weg für Wolfgang frei.

Mit quietschenden Reifen bog er von der Münsterstraße in die Kleverstraße, denn er hatte sich mittlerweile für die Strauss-Filiale auf der Friedrichstraße entschieden.

Nach circa dreihundert Metern war die erste Ampel erreicht und diese stand, sehr zu seiner Erleichterung, auf Grün.

Sein Blutdruck sank wieder in Richtung normaler Bereich und sein Puls schlug nur noch wie der eines Leistungssportlers.

Weiter ging es die Kleverstraße entlang, und auch die nächsten zwei Ampeln standen auf Grün.

Ein leichtes, zufriedenes Lächeln machte sich auf dem Gesicht von Wolfgang Krumnacker breit.

Gleich einem hellen Sonnenstrahl.

Dann kam die Kreuzung Kleverstraße / Fischerstraße, wo er links abbiegen musste.

Auch diese Ampel stand auf Grün.

Mit einem noch breiteren Lächeln bog er links ab.

Das Lächeln erstarb auf seinem Gesicht.

In einer Entfernung von cirka einhundert Metern erblickte er das Ende eines Staus.

Keine Abbiegemöglichkeit, ein Zurücksetzen war auch nicht mehr möglich.

Sein Blick richtete sich gen Himmel und er meinte in einiger Entfernung eine leichte Verdunklung feststellen zu können.

Ein zusätzlicher Blick auf seine Uhr verstärkte diesen Eindruck noch.

Es war schon neunzehnuhrfünfzehn und Strauss machte um zwanzig Uhr seine Geschäfte zu.

Sein Blutdruck schoss wieder dem Ende der Blutdruckscala zu.

Auf einmal bewegte sich die Autoschlange wieder und neue Hoffnung keimte auf.

Doch diese Hoffnung nahm nach zwanzig Metern ein jähes Ende.

——— Stillstand!! ———

Der Uhrzeiger tickte unaufhaltsam weiter.

Da sah er zu seiner rechten die Tiefgarageneinfahrt zu einer großen Versicherung.

Rasend überlegte er, was war wichtiger?

Die vier Tassen für Uschi, ein Leben im hellen Sonnenlicht, oder eine demolierte Tiefgarageneinfahrtschranke?

11

Schließlich gab es zu der Bedrohung durch seine Ehefrau noch eine in Libyen lebende Uschi, die womöglich auch noch Herrn Ghadaffi einschalten konnte.

Und mit dem war wirklich nicht zu spaßen.

Zwei, auf der rechten Seite ihm den Weg versperrende Autos wurden kurzerhand aus dem Weg gerammt.

Die Einfahrtsschranke zur Tiefgarage war auch kein wirkliches Hindernis.

Unten angekommen, parkte er sein Auto in der ersten freien Parkbox, ohne auf das Hinweisschild „Nur für den Vorstand" zu achten.

Danach stürmte er die Abfahrt rauf nach draußen und rannte in Richtung Hofgarten.

Was man so laufen nennen konnte.

Seine letzte ernsthafte sportliche Tätigkeit absolvierte er mit achtzehn Jahren, das heißt genau vor achtunddreißig Jahren.

Sein Gewicht hatte sich in der Zeit von vierundfünfzig Kilo nur leicht auf neunundachtzig Kilo erhöht, aber diese minimale Gewichtserhöhung machte sich erstaunlicher Weise doch beim Laufen bemerkbar.

Nach cirka zweihundert Metern stolperte er keuchender Weise in eine Apotheke und verlangte nach einem Glas Wasser und einem Blutdruckmessgerät.

Der Apotheker warf einen Blick auf das Blutdruckmessgerät und griff gleich zum Telefon, um einen Rettungswagen zu bestellen.

Empört lehnte Wolfgang dieses ab mit dem Hinweis, dass er schließlich als achtzehnjähriger noch viermal die Woche Sport getrieben hätte.

Und außerdem ginge es nicht um sein Leben, sondern um das Verhindern einer ehelichen Sonnenfinsternis und um vier Tassen für Uschi.

Bevor er sich auf eine Diskussion mit dem Apotheker einlassen musste, stürmte er wieder los durch den Hofgarten in Richtung Parkhotel.

Am Hofgartenteich angekommen entschloss er sich, statt des weiteren Weges um den Teich den kürzen durch den Teich zu nehmen.

Das hatte natürlich zur Folge, dass alle Enten und Schwäne der Meinung waren, das Walross Antje aus der Fernsehwerbung hätte sich in den Hofgarten verirrt und verließen fluchtartig den Teich.

Wolfgang hatte mittlerweile das andere Ufer erreicht und stürmte weiter mitten durch ein großes Kaufhaus an der Kö, nicht ohne eine flutwellenartige Wasserspur zu hinterlassen.

Ein Blick auf seine Uhr zeigte ihm, dass er nur noch fünfundzwanzig

Minuten Zeit hatte, die Strauss-Filiale Friedrichstraße zu erreichen. Daher entschloss er sich auf der Kasernenstraße in eine Straßenbahn zu steigen.

Zum Glück gab es hilfreiche Menschen, die ihm bei seinen Bemühungen, mit seiner durch Nässe bleischweren Kleidung die Stufen der Straßenbahn zu erklimmen, unter die Arme griffen.

Als er einen Fahrschein kaufen wollte, erklärte der Fahrer ihm, dass am heutigen Tage alle Obdachlosen in Düsseldorf freie Fahrt hätten.

Dankbar, kaum noch in der Lage wegen mangelnder Luft sich zu artikulieren, nahm er diesen Hinweis auf.

Eine junge Frau mit Kinderwagen nahm aus diesem eine Decke, breitete sie auf dem Boden aus und gab Wolfgang die Möglichkeit, sich hinzulegen und neue Kräfte zu sammeln.

Nach ein paar Minuten hatte die Straßenbahn die Haltestelle Kirchplatz erreicht und man schüttelte in aus der Decke nach draußen.

Wieder auf der Straße stehend wurde ihm klar, dass er nur einige hundert Meter von der Strauss–Filiale entfernt war.

Er hatte noch sieben Minuten Zeit, eine Sonnenfinsternis und einen eventuellen Streit mit Uschi oder sogar noch mit Herrn Ghadaffi zu verhindern.

Da seine Beine, trotz eines Gewichtsverlustes in den letzten zwei Stunden von mindestens drei Kilo, nicht mehr gehorchten, musste er die letzten Meter auf allen Vieren zurücklegen.

Dass ihm dabei einige Fußgänger auf seine Hände traten, war angesichts dessen, was auf dem Spiel stand, nebensächlich.

Um neunzehnuhrachtundfünfzig kroch er in die Strauss–Filiale Friedrichstraße. Blutdruck und Puls waren in Bereichen, die für einen Eintrag ins Rekordregister gereicht hätten.

Des Sprechens unfähig kroch er in Richtung der Regale, wo Porzellanwaren standen, hob mit letzter Kraft seinen Arm und zeigte auf die Tassen, die das gleiche Dekor wie seine Espressotassen hatten.

Die Verkäuferin blickte mit freundlich mitleidigen Blick auf die vor ihr liegende nasse Gestalt und deutete auf die Uhr.

Es war mittlerweile zwanzig Uhr und zehn Minuten, aber man war trotzdem bereit, ihm die vier Tassen zu verkaufen.

Wolfgang wollte gerade seine letzte Kraft aktivieren, um ihr die Zusammenhänge von wegen der ehelichen Sonnenfinsternis und Uschi in Libyen zu erklären, als sein Handy klingelte.

Das konnte nur seine Doris sein!

Sofort überlegte er, welche Operation er seinem Hausarzt vorschlagen könnte, mit einem mindestens vierwöchigen Klinikaufenthalt.

Es war seine Doris.

„Hallo mein Schatz", flötete sie ins Telefon.

„Stell dir vor, die Uschi hat gerade aus Libyen angerufen. Sie hat dort die gleichen Tassen in einem Porzellanfachgeschäft gefunden.

Leider zum dreifachen Preis, aber sie war ja nicht sicher, ob bei Strauss noch welche zu erwerben wären.

Du brauchst also nicht nach Strauss zu hetzen.

Wo bist du eigentlich im Moment? Ich habe mich schon fein gemacht und wollte eigentlich mit dir Essen gehen."

Die folgenden Szenen im Kaufhaus Strauss sind nicht mehr für die Öffentlichkeit bestimmt, sondern nur noch in Fachbüchern für Psychiater nachzulesen.

# Meyer's Wirtshaus

# Meyer's Wirtshaus

Es war früher Vormittag und die Stadt füllte sich langsam mit Menschen die bereit waren, den Kampf mit dem täglichen Einkauf und dem Besuch diverser Gasthäuser und Cafés aufzunehmen.

Unter ihnen schritt Ferdinand Haltetablett, der Oberkellner vom Meyer´s Wirtshaus, mit erhobenem Haupt und seinem ihm ureigenen distinguierten, etwas über den Dingen stehenden Gesichtsausdruck in Richtung seiner täglichen Wirkungsstätte.

Mit leicht herabhängenden Mundwinkeln betrachtete er aus seiner stattlichen Höhe von ein Meter dreiundneunzig das Treiben unter ihm.

Obwohl er nicht wirklich nach unten sah, denn er ging davon aus, daß man *ihn* sah, und dass sich ob seiner Größe automatisch eine Gasse vor ihm auftat, durch die er schreiten konnte.

Nachdem er die Straße überquert hatte, die Ampel stand auf Grund seines perfekten Timings selbstverständlich auf Grün, griff er mit der rechten Hand in die kleine Tasche seiner Weste, entnahm ihr exakt einen Euro und zwanzig, um sie am Zeitungskiosk, der in fünfzig Meter Entfernung vor ihm lag, schon in der Hand zu haben.

Dort erstand er jeden Morgen bei der Zeitungsfrau Jakobine Doppelseite seine wichtigste Lektüre, die "Galoppierenden Trabernachrichten„.

Natürlich gab es im Meyer´s Wirtshaus eine große Anzahl von Zeitschriften und Tageszeitungen, aber die waren den Gästen vorbehalten und für ihn, seinen sechs Unterkellnern, vierzehn Hilfskellnern und sieben Lehrlingen tabu.

Allenfalls war es gestattet, die Zeitschriften und Zeitungen vom Vortage in der vierzehn Minuten dauernden Mittagspause zu lesen.

Sollte sich jemand dieser Anweisung widersetzen, konnte es schon mal passieren, daß Herrn Ferdinand, so wurde er hier genannt, die Hand samt seinem Tablett ausrutschte und auf dem Kopf des Übeltäters landete.

Was sich natürlich nur hinter den Kulissen abspielte und niemals im Angesicht der Gäste. Vor seinen Gästen war er ganz der Herr Ferdinand und der Oberkellner vom Meyer´s Wirtshaus.

Das ihm grundsätzlich zwanzig Prozent aller Trinkgeldeinnahmen zustanden, und diese grundsätzlich in die Kassen der Pferdewettannahmen landeten, ging natürlich niemanden etwas an.

Gestern noch landete die von ihm auf Grund einer Insiderinformation gewettete Stute „Hintenbleibich" auf dem letzten Platz.

Eigentlich hätte ihn ja schon allein der Name des Pferdes davon abhalten sollen, auf diesen Gaul zu wetten.

Aber schließlich war es ja eine todsichere Insiderinformation.

Was noch schwerer wog als die Tatsache, daß der Tippgeber sein Freund Gotthard Gaul war.

Nun gut, die siebenundzwanzig Euro waren halt in den Sattel gesetzt, aber heute war ein neuer Tag mit neuem Trinkgeld und vielleicht einem neuen Insidertipp.

Um vierzehn Uhr zwanzig erwartete er einen Anruf von einem neuen Tippgeber. Sein Name war Willi Richtig und allein dieser Name gab Anlaß zur Hoffnung, den Verlust von gestern wieder wettzumachen.

Der Anruf war natürlich als Tischreservierung getarnt.

Dezent durch den Personaleingang betrat er Meyer's Wirtshaus und ließ ein lautes, wie ein Donnerhall klingendes *Antreten* erschallen.

Antreten von Herrn Oberkellner Ferdinand Haltetablett befohlen hieß, in einer Reihe nach Dienstjahren von links nach rechts Aufstellung nehmen.

Dann schritt Herr Ferdinand erhobenen Hauptes, an Marschall von Mütze erinnernd, die Front der Bediensteten vom Meyer's Wirtshaus ab.

Er kontrollierte die Fingernägel auf Sauberkeit und Länge, betrachtete die Dienstkleidung, schwarze Hose, weißes Hemd, schwarze Weste und schwarze Fliege für das männliche Personal, schwarzer Rock, schwarze Strümpfe, weiße Bluse und weißes Häubchen für das weibliche Personal, verteilte hier eine Rüge, dort ein wohlwollendes unverständliches Grunzen, aber alles mit Abstand und Würde.

Eben der Position des Oberkellners angemessen.

Als nächstes hieß es, die Reservierungen zu besprechen und für die jeweiligen Tische das entsprechende Personal zuzuteilen.

Denn eins war klar, Reservierung war nicht gleich Reservierung.

Herr Studienrat a.D. Theobald Schreibkreide nahm jeden Tag um elf Uhr fünfundvierzig an demselben Tisch Platz und ließ sich grundsätzlich nur von einem weiblichen Lehrling bedienen.

Herr Ferdinand hatte den Verdacht, daß Herr Studienrat von diesem Platz aus genau beobachten konnte, wenn besonders das weibliche Personal die Aschenbecher in einen eigentlich etwas zu niedrigen Eimer leerte.

Wohlgemerkt war das nur ein Verdacht, den er auch tunlichst für sich behielt.

Dann war da die Reservierung für Frau Schrotthändlerin Minna Altoel, die grundsätzlich einen Tisch direkt neben dem Kuchenbuffet beanspruchte.

Hier vermutete Herr Ferdinand, daß sie von dort aus am besten die Kleidung ihrer Konkurrentinnen ausspähen konnte, um im Falle eines Duplikates sofort bei ihrer Schneiderin, Fräulein Nadelöhr, zu protestieren und umgehend ein neues Unikat herstellen zu lassen.

Schließlich stand ihr Mann kurz vor der Wahl zum Stadtrat und sie ließe sich dann natürlich nur noch mit Frau Stadträtin anreden.

Auch eine Änderung ihres Familiennamens wurde innerhalb der Familie schon diskutiert.

Frau Stadträtin von und zu Geldhabich wäre zum Beispiel ein Name, der ihr persönlich am besten gefiele.

Den Titel Gräfin könnte man sich später immer noch erkaufen.

Alles musste genau geplant sein, denn zu viel auf einmal würde vielleicht ihre Konkurrentinnen wachrütteln und es bestand die Gefahr, daß man ihr zuvorkäme.

Ein entsetzlicher Gedanke!

Am Tisch in der hinteren Ecke nahm der Oberlehrer Eduard Zeigestock Platz. Gerne würde er vorne neben dem Eingang sitzen, aber die Etikette verlangte, daß er *hinter* dem Studienrat Schreibkreide sitzen mußte, und selbstverständlich jeden Tag mit gezogenem Hut und einem „Guten Tag Herr Studienrat" in leicht devoter Haltung an ihm vorbei in seine Ecke schlich.

Auch ihn beschlich manchmal der Gedanke an eine Trauerfeier für den dann bedauernswerten Studienrat Schreibkreide, die aber unweigerlich zur Folge hätte, daß er von diesem Tage an seinen Platz vorne neben dem Eingang einnehmen könnte.

Bei einem Alter von immerhin vierundneunzig Jahren des Herrn Studienrates sei dieser Gedanke schon mal erlaubt.

Auch träumte er von einer Beförderung zum Studienrat und malte sich in seinen Träumen aus, wie *alle anderen* Untergebenen in *stark* devoter Haltung und *sehr* freundlich grüßend an seinem Platz vorbeidefilieren würden.

Sehr wichtig war auch die Reservierung für Herrn Kammersänger Dionysius Hohenton.

Sein alltäglicher Auftritt im Meyer's Wirtshaus glich einer Inszenierung, die nur mit der Aufführung von Shakespeares Othello zu vergleichen war. Als erstes flog die Eingangstüre vom Meyer's Wirtshaus mit einem dynamischen Schwung auf, der nur mit einem Herbststurm gleichzustellen war.

Dann trat Herr Kammersänger auf die Bühne beziehungsweise ins Wirtshaus.

Es folgte ein schmetterndes „guten Morgen allerseits".

Sofort musste Herr Ferdinand persönlich bei ihm sein, um ihm seinen langen wallenden Mantel und seinen circa drei Meter langen Schal, den Herr Kammersänger tragen mußte, um seinen Hals nicht der kalten Luft auszusetzen, obwohl er seit fünf Jahren keinen Auftritt mehr hatte, entgegenzunehmen und an eine eigens für Herrn Kammersänger reservierte Garderobe zu platzieren.

Sein Tisch war selbstverständlich mitten im Wirtshaus, brauchte er doch den gesamten übrigen Raum des Wirtshaus für seine, in seinen Gedanken sich abspielenden Inszenierungen der großen Theaterliteratur.

Eigens für ihn gab es im Meyer's Wirtshaus auch einen Bierwärmer, damit die Stimmbänder des Herrn Kammersängers nicht einem Kälteschock ausgesetzt würden.

Er selber tat sein übriges dazu, indem er vor *jedem* Bier ein Danziger Goldwasser trank.

Natürlich *nur* zur Vorbeugung.

Wehe dem, der anderes vermuten sollte, wog Herr Kammersänger doch stattliche einhundertdreiundzwanzig Kilo und überragte den Herrn Ferdinand noch um ganze drei Zentimeter.

Dass Frau Kammersängerin Gilda von Stimmunten ihn keines Blickes mehr würdigte und stets erhobenen Hauptes an seinem Tisch vorbeirauschte hing damit zusammen, daß Herr Kammersänger bei einer gemeinsamen Aufführung vor zwölf Jahren den Genuß von etlichen Danziger Goldwasser und noch mehr Bieren durch eine ganze Knoblauchzehe vertuschen wollte.

Das Rauschen wurde dadurch verursacht, daß sie zwar das gleiche Gewicht wie Herr Kammersänger bewegte, aber dreißig Zentimeter weniger an Körperlänge aufzuweisen hatte.

Was ihr hinter vorgehaltener Hand auch den Namen Senora el Tonno eingebracht hat.

Sie selber saß grundsätzlich nur zwei Tische entfernt von Frau Stadträtin in Spe Minna Altoel.

Sollte deren Mann tatsächlich zum Stadtrat gewählt werden, könnte man ja immer noch einen Tisch näher rücken.

Womöglich würde er dann noch in den Kulturausschuß gewählt werden.

Der Gedanke, daß der Schrotthändler Altoel im Kulturausschuss sitzen würde, jagte ihr einen unangenehmen Schauer über ihren leicht übergewichtigen Rücken.

Müsste man dann doch darüber nachdenken, tatsächlich *am Tisch* von Frau Altoel Platz zu nehmen.

Diese Gedanken musste sie mit einem Glas Wasser wegspülen.

Dass in dem Glas Wasser ein dreifacher klarer Korn untergebracht war, gehörte zu den Geheimnissen des Herrn Ferdinand.

Natürlich wurde dieses Geheimnis durch ein nicht unerhebliches Trinkgeld, das zu einhundert Prozent in die Tasche von Herrn Ferdinand landete, bewahrt.

Dieses Trinkgeld wurde selbstverständlich auch zu einhundert Prozent in die Insiderinformationen, zum Beispiel von Willi Richtig, investiert.

Eine weitere hundertprozentige Einnahmequelle für Herrn Ferdinand war das tägliche unauffällige Hinzufügen von achtzigprozentigem Rum in die Kakao mit Sahne Getränke des Damenseniorenclubs „Korsettenge".

Dieser Club fiel jeden Tag dadurch auf, daß die Stimmung von Kakaogetränk zu Kakaogetränk lustiger und lauter wurde.

Ein gelegentlicher Sturz auf dem Weg zur Toilette einer dieser älteren Damen, schließlich war die jüngste zweiundsiebzig und die älteste achtundneunzig, wurde natürlich deren Alter und einer eventuell momentanen Schwäche zugeordnet.

Ganz so große Sorgen brauchte man sich allerdings nicht zu machen, gehörte diesem Damenseniorenclub doch die Frau Medizinalrätin a.D. Octavie Verschreibichdir an.

Als Vorsitzende dieses Vereins trank sie logischerweise immer ein Kakaogetränk aus einer besonders großen Tasse.

Was wiederum dazu führte, daß sie gelegentlich den Gesang des Herrn Kammersängers zu übertönen versuchte.

Man stelle sich die Stimmung im Meyer's Wirtshaus mit folgenden Zahlen vor: Herr Kammersänger Dionysius Hohenton sechs Bier, sechs Danziger Goldwasser, Frau Kammersängerin Gilda von Stimmunten vier Glas Mineralwasser und Frau Medizinalrätin Octavia Verschreibichdir drei *große* Kakaogetränke.

Das war der Moment, wo Herr Ferdinand in die linke Westentasche griff und dezent seine Wattebäusche in seine beiden Ohren platzierte.

Seinen Untergebenen war dieses untersagt, mußten sie doch die Bestellungen der immer lustiger werdenden Gäste entgegennehmen.

Dies war übrigens einer der Hauptgründe für die hohe Personalfluktuation im Meyer's Wirtshaus.

Von der harten aber gerechten Personalführung des Herrn Ferdinand ganz zu schweigen.

Natürlich gab es auch Tage, an denen Herr Ferdinand statt der ihm zustehenden zwanzig Prozent Trinkgelder nur neunzehn Prozent für sich in Anspruch nahm.

Das war in der Regel dann, wenn die Einhundertprozenteinnahmen besonders üppig waren.

Dies konnte er natürlich selber durch eine großzügige Portionierung der Alkoholika steuern.

Eine Großzügigkeit durch eventuelle Gewinne auf der Pferderennbahn war eine Seltenheit, die nur mit Weihnachten und Ostern vergleichbar war.

Heute war einer dieser Tage, an denen man von einer gewissen Tendenz in Richtung einer dieser Feiertage sprechen konnte.

Die zweiundachtzigjährige Frau Gemeinderätin Tilla Schreibstube kam beim Gang zur Toilette ins Schleudern und versuchte, statt sich an einem Tisch festzuhalten, ihre eigene Perücke als Haltegriff zu benutzen. Mit natürlich katastrophalen Folgen.

Hatte sie doch ihr Haar darunter zwecks Entfernung lästiger Schuppen bis auf zwei Millimeter abrasiert.

Der Tisch des Damenseniorenclubs Korsettenge glich mittlerweile mehr einem Kakaosee und Herr Ferdinand spürte die schmachtenden Blicke der Damen fast schon körperlich.

Herr Kammersänger Dionysius Hohenton und Frau Kammersängerin Gilda von Stimmunten sangen zwar im Duett, aber jeder für sich in eine andere Richtung.

Frau Stadträtin in spe Minna Altoel verlangte just in diesem Moment ein Glas Wasser, da sie ein Duplikat entdeckt hatte und einen Betablocker einnehmen musste.

Herr Studienrat a.D. Theobald Schreibkreide lieferte sich über alle Tische hinweg ein gewaltiges Rededuell mit Herrn Oberlehrer Eduard Zeigestock über den kosmopolitischen Sinn des Seins oder Nichtseins.

Herr Oberkellner Ferdinand bekam gerade einen Anruf, daß die einhundert Euro, die er ob der fröhlichen Entwicklung im Wirtshaus auf ein Pferd namens Mittendreinbleibich gesetzt hatte verloren waren, weil dieses Pferd sich genau seinem Namen entsprechend verhalten hatte.

Mitten in seine Gedanken über die Tauglichkeit seines Tippgebers Willi Richtig gab es einen gewaltigen Knall.

Die explodierende Kaffeemaschine beendete einen ereignisreichen Arbeitstag im Meyer´s Wirtshaus frühzeitig und bescherte den Angestellten einen zusätzlichen halben Tag Freizeit.

# Die
# Eisdiele

# Die Eisdiele

PRA LEWIS.

DIE Eisdiele in Meerbusch.

DER Treffpunkt für alte und junge Menschen.

Ein Treffpunkt, der eigentlich das Lesen der Tageszeitung überflüssig macht. Konnte man doch hier *von* jedem und *über* jeden alles in Erfahrung bringen. Egal ob familiäre Freudenfeste, Scheidungen, Todesfälle. Wer wann betrunken war, welche Dame mal wieder ihre Diät abgebrochen hat, welcher Arzt wen behandelte, mit anderen Worten: Hier erfuhr man einfach ALLES.

Natürlich konnte ein fehlender Besuch an einem Tag verheerende Folgen haben. Die Informationen von vierundzwanzig Stunden waren dahin!! Man stand am nächsten Tag vor den anderen Gästen wie vor einem Tribunal.

WO WARST DU GESTERN???

Was war so wichtig, dass du gestern nicht zum Kaffee gekommen bist? Ist jemand gestorben?

Denn das war so ziemlich der einzige Grund, den man für ein Fehlen akzeptierte.

Sollte kein Todesfall vorliegen, musste man sich schon auf eine sehr intensive Befragung einstellen.

Die Qualität der Antworten entschieden dann auch darüber, ob man die Informationen vom Vortag nachgeliefert bekam.

Die ganz Schlauen schickten an solchen Tagen einen guten Freund als Undercover – Agent in die Eisdiele und ließen sich abends genauestens informieren.

Vor allen Dingen darüber, ob man nicht selber Objekt einiger Gespräche war und was man so über einen redete.

Das Ganze ließ dann am nächsten Tag eine andere Strategie vor dem Tribunal zu, wenn man durch genaue Kenntnisse von seinem Fehlen ablenken konnte.

Der eigentliche Chef der Büdericher Informationszentrale Pra Lewis war der allseits beliebte Kellner Raimondo.

Die Zentrale für alle familiären Angelegenheiten und deren Weitergabe an alle, die unbedingt darüber informiert sein mussten.

Und das waren sehr viele!

Jedes Jahr kam er im April mit der Familie Pra Lewis aus Italien, um hier für den Unterhalt seiner Frau und seiner acht Kinder daheim auf Sardinien zu sorgen.

Deshalb hielt er auch allen schmachtenden Blicken und allen eindeutigen Angeboten der weiblichen Kundschaft stand.

Raimondo lebte nur für seine Familie und natürlich für das Büdericher Informationssystem.

Berühmt in ganz Meerbusch und im angrenzenden Düsseldorf war sein Zusammenzählen verschiedener Summen für die Rechnung.

Wie eine Opernarie klangen seine gesungenen italienischen Zahlen quindici...venti....quattro....cinque.

Selbst Autofahrer, die gerade vorbeikamen, ließen ihre Fensterscheiben runter, um für einen Moment dem Erstellen einer Rechnung durch Raimondo zuzuhören.

Die sonst so strengen Politessen vergaßen ihre Aufgabe, Parksünder aufzuschreiben und hörten mit verklärtem Blick Raimondo zu.

Das ganze Deutsche Eck in Büderich unterbrach jegliche Tätigkeit, um der Gelegenheit nicht zu entgehen, Raimondo zu erleben.

Jeder wunderschöne Sommertag animierte dazu, im PRA LEWIS einen starken Espresso zu trinken oder ein leckeres Eis nach den Familienrezepten der Familie zu genießen.

Das Eis war in der ganzen Region berühmt für seine Qualität und seinen hervorragenden Geschmack.

Es war zehn Uhr morgens und die Türe der Eisdiele PRA LEWIS wurde geöffnet.

Als erstes, wie jeden Morgen, stürmte sofort die Rentnerin Jakobine Rettich ins Lokal. Für sie war es wichtig, an einem bestimmten Tisch auf einem bestimmten Stuhl sitzen zu können.

Es war der Platz, der ihr einen uneingeschränkten Blick auf alle Geschehnisse vor und in der Eisdiele Pra Lewis garantierte. Und es war der Tisch, an dem ALLE Informationen zusammenliefen.

Irgendwie kam sie sich dort vor, wie an einem Schreibtisch eines wichtigen Industriemanagers.

Und wichtig war sie!

Hatte es sich doch im Laufe der Zeit so ergeben, dass sie mehr oder weniger zur Stellvertreterin Raimondos aufgestiegen war.

Natürlich auch, weil sie in den letzten zwölf Jahren nicht einen Tag gefehlt hatte und noch nie zu spät gekommen war.

Der pensionierte Postbeamte Jupp Schalter hatte sich die Chance auf diesen Titel leider verspielt, als er vor sieben Jahren nur wegen einer Herzattacke zu spät gekommen war.

Aber das war typisch für Beamte, eine Kleinigkeit so hoch zu spielen und deshalb zu spät zu kommen.

Jetzt wartete er jeden Tag darauf, dass Jakobine Rettich vielleicht auch mal ein gesundheitliches Problem bekam und er zumindest für einen Tag ihre Position einnehmen konnte.

Um diese Gelegenheit nicht zu verpassen, lauerte er jeden Morgen zwischen den Regalen des Supermarktes auf der anderen Straßenseite, ob Jakobine Rettich nicht doch mal zu spät käme.

Das wäre dann der Moment, auf den er schon Jahre wartete.

Bisher leider vergeblich!

Aber er war ja erst sechsundachtzig Jahre alt und hatte jede Menge Zeit und Geduld, auf diesen Moment zu warten.

Auch heute trällerte Raimondo beim Aufstellen der Terrasse wieder seine Arien in schönster italienischer Sprache.

Jupp Schalter hörte ihm mitten aus dem Gemüseregal, welches ihm heute als Deckung diente, zu und bemerkte vor lauter Entzückung nicht, dass er mit dem rechten Fuß den Saft aus einer Schale mit roten Johannisbeeren presste.

Aber was waren schon ein paar Johannisbeerflecken gegen eine Arie, gesungen von Raimondo, dem Kellner!

Selbst die Arena von Verona konnte kein schöneres Musikerlebnis bieten.

Jupp Schalter war zwar noch nicht in Verona gewesen, aber er hatte immerhin im Fernsehen einen Bericht darüber gesehen, und wichtig war ja nur, dass man mitreden konnte.

Wichtig für Jupp war auch, dass er jederzeit den Tiraden von Jakobine Rettich etwas entgegnen konnte.

Denn die war äußerst gebildet. Studierte sie doch jeden Tag alle zur Verfügung stehenden Frauenzeitschriften.

Jupp Schalter hat vor einigen Monaten auch damit angefangen, tat dieses jedoch nur heimlich zu Hause.

In der Eisdiele PRA LEWIS studierte er jeden Tag für alle sichtbar die Financel – Times.

Er konnte zwar kein Englisch und von Börse hatte er sowieso keine Ahnung, aber er hatte mal auf der Kö in Düsseldorf in einem Cafe einen Herrn sitzen sehen, der mit einer Zigarre im Mund die Financel Times studierte.

Dieser Anblick hat in dermaßen fasziniert, vermittelte er ihm doch das Flair eines weltgewandten, gebildeten Herrn von Welt, sodass er vom nächsten Tag an nur noch mit dieser Zeitung in seiner Eisdiele erschien.

Von seiner nächsten Rente kaufte er sich noch einen neuen Zweireiher, um das Bild eines Herrn von Welt zu vervollständigen.

Auf die Zigarre musste er leider wegen seines Asthmas verzichten.

Dafür hatte er sich eine wichtig aussehende Brille gekauft.

Dass diese nur Fensterglas hatte, war natürlich sein Geheimnis.

Sollte der Optiker nicht plaudern, würde es auch sein Geheimnis bleiben.

Durch dieses Fensterglas beobachtete er im Moment, wie die acht Damen des Büdericher Damenkegelklubs „Haut sie weg e.v." auf die Eisdiele PRA LEWIS zusteuerten.

Jetzt war für Jupp Schalter der Zeitpunkt, die Schale roter Johannisbeeren und seine Lauerstellung zwischen den Gemüseregalen zu verlassen und sich in die Eisdiele zu begeben.

Einmal, weil in diesem Kegelclub seine heimlich angebetete Trude Kegel Mitglied war und zweitens, wollte er das Gesicht von Jakobine Rettich sehen, die eine erbitterte Gegnerin jeder Damenfröhlichkeit war.

Kaum hatten die Damen des Kegelclubs „Haut sie weg e.v." Platz genommen, trällerte ihnen Raimondo ein *„Buon Giorno meine Damen"* entgegen. Den schmachtenden Blicken entging er innerlich, in dem er an seine Frau und an seine acht Kinder auf Sardinien dachte.

Den bösen Blicken von Jakobine Rettich konnte er nicht entgehen, weil man sie einfach körperlich spürte.

Wie den berühmten Dolch im Rücken.

Inzwischen hatte auch Jupp Schalter sich einen Platz mit freiem Blick auf seine heimlich geliebte Trude erkämpft.

Dazu war eine Spende über zwei Eisbecher für ein achtjähriges Zwillingspärchen erforderlich.

Aber für einen freien Blick auf seine Trude war ihm nichts zu teuer.

Die Damen vom Kegelclub bestellten inzwischen acht mal den berühmten PRA LEWIS Hausbecher.

Während Raimondo seine Bestellung an der Theke abgab, steckten die

Damen vom Kegelclub die Köpfe zusammen und fingen an zu tuscheln.

Jakobine Rettich versuchte durch Verlagerung ihres Körpers und hin- und herschieben ihres Stuhls einige Gesprächsfetzen aufzufangen, um wenigstens in groben Zügen zu wissen, worum sich die Gespräche der Damen drehten.

Schließlich ging es darum, ihrem Ruf der allwissenden Stellvertreterin und verlängertem Arm von Raimondo gerecht zu werden.

Dem Damenkegelclub war das natürlich bekannt, und so senkten sie ihre Stimmen zu einem leisen Flüstern.

Das wiederum veranlasste Jakobine Rettich, mit einem Glas Wasser einen Betablocker zu nehmen, um ihrer Erregung Herr zu werden.

Dann stellte sie ihr Hörgerät auf volle Lautstärke.

Sehr zu ihrem Erstaunen änderte dies jedoch nichts an ihrer Hörfähigkeit.

In ihr kam ein entsetzlicher Gedanke hoch.

Sollte gerade jetzt, in einem so wichtigen Moment, die Batterie ihres Hörgerätes leer sein?

Eine Ersatzbatterie hatte sie immer in ihrer Tasche.

Was sollte sie machen?

In aller Öffentlichkeit die Batterie wechseln?

Vor den Augen des Damenkegelclubs?

Vor den Augen von Raimondo?

Vor den Augen des auf eine Schwäche von ihr lauernden Jupp Schalter? Niemals!!

Es blieb ihr nur der Gang zur Toilette, auch wenn sie in der Zwischenzeit einiges verpassen würde.

Schnellen Schrittes begab sie sich zur Toilette und wechselte dort die Batterie ihres Hörgerätes.

Noch schnelleren Schrittes raste sie zurück zu ihrem Platz.

Zu ihrem Erstaunen hatte sich ihre Hörfähigkeit trotz neuer Batterie nicht gebessert.

Ihre Erregung steigerte sich ins Unermessliche.

Der Damenkegelclub tuschelte immer noch und sie hatte keine einzige Silbe mitbekommen!

Was sie leider nicht hörte war, dass die Damen vom Kegelclub berieten, wie sie Raimondo überreden konnten, für sie „Marina" auf italienisch zu singen.

Als Fernando mit seinen acht PRA LEWIS Hausbechern zu den Damen kam, hatten sie eine Strategie entwickelt, ihn zu überreden.

Falls er jetzt für sie singen würde, wäre das Ziel für den nächsten Kegelausflug nicht Mallorca sondern die Eisdiele PRA LEWIS in Büderich.

Für Raimondo war es kein Problem, ihnen den Wusch zu erfüllen. Waren die Damen vom Kegelclub „Haut sie weg e.v." doch gern gesehene Gäste und der Umsatz eines Kegelausflugs war auch nicht zu verachten. Nachdem er alle Gäste versorgt hatte, stellte er sich vor den Tischen der Damen auf und fing an zu singen.

Genau in diesem Moment hatte Jakobine Rettich festgestellt, dass sie ihr Hörgerät falsch eingestellt hatte und korrigierte die Einstellung von *leise* auf *extrem laut* in der Hoffnung, das Getuschel der Damen mitzubekommen. Leider wurde nicht mehr getuschelt, sondern der Gesang von Raimondo erreichte in Discolautstärke das Ohr von Jakobine Rettich.

Der herbeigerufene Notarzt stellte einen schweren Hörsturz fest und ließ Jakobine Rettich in ein Krankenhaus bringen mit dem Hinweis, dass der Aufenthalt dort einige Wochen dauern könnte.

Als Raimondo am nächsten Tag die Türe der Eisdiele PRA LEWIS öffnete, betrat der pensionierte Postbeamte Jupp Schalter das Lokal und setzte sich auf den Platz der ehemaligen Stellvertreterin Raimondos Jakobine Rettich. Irgendwie hatte er das Gefühl, als würde das hervorragende Eis und der fantastische Espresso im PRA LEWIS jetzt noch besser schmecken.

# Helena
# Rezeptus

# Helena Rezeptus

Helena lebte mit Kochrezepten, in Kochrezepten und auf Kochrezepten.
Stets eine Schere in der Hand.
Keine Zeitung, egal ob vom Nachbarn, vom Arzt, vom Papiercontainer oder selbst gekaufte waren vor ihr sicher.
Wo es normalerweise die üblichen Geräusche wie Fernseher, Radio und Unterhaltung gab, war bei Rezeptus nur das Ritsch, Ratsch der Schere zu hören.
Von ihrem Mann Wolfgang angesprochen, konnte es schon mal passieren, dass sie ihm mit einem Ritsch, Ratsch antwortete.
Aber nur, wenn sie ihren Mann wirklich wahrnahm.
Und das kam höchst selten vor.
Ihre Katzen hießen natürlich Bella und Journal.
Da die Rezepte eingeklebt werden mussten, kaufte sie Papier, Ordner und Leim im Großhandel, mit den entsprechenden Rabatten.
Ihr Tagesablauf war streng geregelt.
Morgens sechs Uhr aufstehen, Kaffee kochen und Ritsch, Ratsch.
Von zehn bis vierzehn Uhr verbrachte sie unnütz Zeit im Büro, wo es nur wenige Gelegenheiten gab zu schneiden.
Um fünfzehn Uhr schnell nach Hause, kochen und sofort wieder Ritsch, Ratsch.
Die Ankunft des Mannes am frühen Abend wurde von ihr nur verschwommen wahrgenommen.
Es sei denn, er kam just in dem Moment nach Hause, in dem Helena den Leimtopf nachfüllen musste.
Allerdings konnte es ihm dann passieren, dass er mit „Hallo Bella" angesprochen wurde und sie ihm statt eines Abendessens eine Dose Whiskas servierte.
Die Wohnung der Rezeptus bestand natürlich nur aus Stapeln von Zeitschriften.
Kellerräume wurden hier nur Archive genannt.
Die Bücherregale waren nach dem ABC beschriftet.
Die einzelnen Fächer natürlich mit Untertiteln wie Dessert, Vorspeisen, Hauptgänge, Suppen und ähnliches.
Die wiederum nach Untersparten wie Rindfleisch, Geflügel, Wild usw.
Dafür brauchte man viele, viele Regale und Platz!

Entsprechend war die Wohnung von Rezeptus ausgestattet.

Regale wohin das Auge blickte.

Kleiderschränke suchte man vergeblich.

Kleidung wurde auf das Minimum reduziert.

Zwei Garnituren von Ober- und Unterwäsche reichten. Eine am Körper und eine in der Waschmaschine.

So sparte man wertvollen benötigten Platz für die Zeitschriften und vergeudete ihn nicht für unwichtige Dinge wie Kleiderschränke und Wäschetruhen.

Kochen war aus Platzmangel nicht möglich, aber dafür gab es ja eine Pommesbude zwei Häuser weiter.

Kalte Getränke konnten leider auch nicht serviert werden, da man den Platz im Kühlschrank mit Rezepten zu Thema „Tiefkühlkost" brauchte.

Die Regale um das Bett herum waren mit den Themen Dessert und süße Sachen belegt.

Geduscht wurde jeden Morgen im öffentlichen Hallenbad, da in der Badewanne die Themen Getränke archiviert waren.

Das Waschbecken wurde allerdings für eventuelle Notfälle wie Zähneputzen freigehalten.

Die Diele war dem Thema „Vorspeisen" mit den Untersparten kalt und warm vorbehalten.

Das Wohnzimmer galt natürlich dem unendlichen Thema „Hauptgerichte".

Mittwoch war im Hause Rezeptus Großkampftag.

Punkt 6.30 Uhr stieg Wolfgang Rezeptus in seinen Mazda und stand mit laufendem Motor vor der Türe, um mit Helena, noch bevor sie zur Arbeit musste, sämtliche Neuerscheinungen bei den umliegenden Zeitschriftenhändlern aufzukaufen.

Pure Panik kam auf, wenn eine Zeitschrift nicht geliefert wurde.

Dann musste Wolfgang Rezeptus sich bei seinem Arbeitgeber krank melden und sofort Kontakt mit dem Verlag aufnehmen.

Warum wurde nicht geliefert?

Oder wurde nur im Ort der Rezeptus nicht geliefert?

Oder gar in ganz Nordrhein–Westfalen nicht?

Wenn der Verlag ihm mitteilte, man hätte heute nur in Stuttgart ausliefern können und würde morgen in Nordrhein-Westfalen nachliefern, trat sofort der Notfallplan der Rezeptus in Kraft.

Auto auftanken und los nach Stuttgart.

Denn bis Donnerstag würde man auf gar keinen Fall warten!!!

Das verlangte schon das Image von Helena Rezeptus.

Eine Donnerstags-Zeitung war *keine neue* Zeitung!

Es war einfach unvorstellbar, dass in Stuttgart eine Hausfrau die neue Bella noch *vor* Helena Rezeptus lesen konnte.

Ein Erdbeben konnte kein schlimmeres Ereignis sein.

Außerdem haben im Mittelalter die Grafen von Burg schon wegen geringeren Anlässen Kriege gegen die von Württemberg geführt.

Und das wollte Helena auf jeden Fall vermeiden.

Als sie ihren Wolfgang kennen lernte war eine ihrer ersten Fragen die nach dem Führerschein und ob er ein Auto hätte.

Nebenher war auch wichtig, ob er sich in Deutschland auskenne.

Ach ja, ein wenig Liebe war auch im Spiel.

Es war ja nie vorauszusehen, wo man eventuell eine Zeitschrift besorgen musste.

Und zwar noch am Mittwoch!

Es war auch schon mal vorgekommen, dass eine Lieferung aus Versehen ins benachbarte Ausland geliefert wurde.

Auch hier waren genaue Ortskenntnisse vonnöten.

Erstlieferungen nach Übersee sind bisher, Gott sei Dank, noch nicht vorgekommen.

Bei dem Gedanken, dass so etwas passieren könnte, wurde es Helena Rezeptus ganz plümerant im Kopf.

Mit der Concorde nach New York fliegen, um noch am Mittwoch die Bella zu erhalten, war wegen der Zeitverschiebung zwar möglich, aber wegen der Kosten ein unmögliches Unterfangen.

Um durch solche Gedanken nicht in einen seelischen Konflikt zu kommen, besuchte sie eine Selbsthilfegruppe bei Doktor Nervius, der im Auftrag der großen Verlage arbeitete.

Ihre körperliche Fitness trainierte sie jeden Dienstag mit ihrer Freundin Paddy beim Damenclub „Fit mit der AWO".

Starke Armmuskulatur war bei intensivem Umräumen und Stapeln der vielen Ordner und Zeitschriften sehr wichtig.

Hatte doch Wolfgang Rezeptus eigenartiger Weise immer dann einen Muskelfaserriss, wenn es ans Neuorganisieren und Umschichten der Berge von Zeitschriften ging.

Um sich nicht dem Verdacht auszusetzen, er würde schauspielern, legte er seiner Frau Helena stets eine Bescheinigung seines Arztes vor.

Dass er zu diesem ein sehr gutes Verhältnis hatte, war natürlich sein Geheimnis und wurde durch gelegentliche Rotweinspenden an seinen Arzt gefestigt.

Seine Helena war in diesen Dingen nämlich sehr misstrauisch.

Nicht nur in diesen Dingen.

Wenn er das Haus verließ, musste er sich grundsätzlich einer Leibesvisitation durch Helena unterziehen.

Sie wollte absolut sicher gehen, dass ihr Mann nicht heimlich eine ihrer Zeitschriften nach draußen schmuggelte.

Man stelle sich vor, eine ihrer Zeitschriften würde vielleicht im Büro ihres Mannes landen und dort unsachgemäß von fremden Personen behandelt.

Bei diesem Gedanken dachte sie sofort wieder an die Selbsthilfegruppe von Doktor Nervius.

Die üblichen Kontrollen der Büroräume wurden immer mit dem Satz „Heute müssen wir die Buchhaltung machen" eingeläutet.

Sollten bei diesen Kontrollen tatsächlich Zeitschriften aus dem Hause Rezeptus auftauchen, hatte das weitgehende Untersuchungen, eventuell auch Vernehmungen durch die zuständige Abteilung der Kriminalpolizei zur Folge.

Wegen der nervenden Kontrollen durch Helena spricht man auch von erhöhter Fluktuation in der Firma von Rezeptus.

Heute war Alarmstimmung. Die Zeitschrift „Journal für den Hausmann" war bei ihrem Zeitschriftenhändler nicht zu erhalten.

Sofort wurde ihr Mann schnell und brutal mittels dem trompetenartigen Ruf „Es fehlt eine Zeitung" aus dem Schlaf gerissen.

Duschen und sonstige Körperpflege wurde auf unbestimmte Zeit, dass hieß bis zum Auffinden der Zeitung, verschoben.

In solchen Situationen gab es für Wolfgang nur eine Vorgehensweise, rein in den Trainingsanzug, die Liste mit den Zeitschriftenhändlern der ganzen Stadt in Empfang nehmen und losfahren.

Und zwar schnellstens!

Eventuelle Bußgelder für Geschwindigkeitsübertretungen waren fest im Haushaltsetat der Rezeptus eingeplant.

Eine Direktleitung über Handy war natürlich eine Selbstverständlichkeit.

Wolfgang musste zu jeder Sekunde für Helena erreichbar sein, falls sie bei ihren telefonischen Recherchen in den Nachbarstädten fündig wurde.

Dann musste die von Helena angegebene Adresse sofort ins Navigationssystem programmiert werden, damit er nicht Gefahr lief, sich zu verfahren.

In solchen Situationen zähle jede Sekunde!

Gab es doch immer die Möglichkeit, dass irgendeine zu früh wachgewordene Hausfrau dieses womöglich letzte Exemplar vor dem Eintreffen von Wolfgang wegkaufte.

Solche Tatbestände wurden von Helena mit allen Mitteln bekämpft und sie hatte extra ein Seminar für transzendentale Meditation belegt, um sich per Gedankenübertragung in die Gedanken eventueller Konkurrentinnen einzuschalten und von dem Erwerb einer Zeitschrift abzuhalten.

Jetzt aber hieß es, sich voll auf den Kauf der Zeitschrift „Journal für den Hausmann" zu konzentrieren.

Wolfgang hatte schon vierunddreißig Zeitschriftenhändler abgefahren, ohne dass er die Zeitschrift erwerben konnte.

In Helena kam ein furchtbarer Verdacht auf.

Sollte etwa die Zeitschrift im Vorfeld schon unter der Hand, eventuell gegen Höchstgebote, verkauft worden sein?

War der schlimmste aller schlimmen Fälle eingetreten?

Das Fehlen einer Wochenzeitschrift im Archiv von Helena Rezeptus.

NEIN!!

Das wird NICHT passieren.

Jetzt musste sich beweisen, wie tauglich ihr Wolfgang in einer für ihr ganzes Leben und ihre Ehe bedrohenden Situation ist.

Nun musste er zeigen, dass ihre Entscheidung, nach fünfzig Lebensjahren das erste Mal zu heiraten, richtig war.

Beim Scheitern dieser, für Helena lebenswichtigen Aktion, müsste sie leider ernsthaft über eine Scheidung nachdenken.

Zumindest wären unendliche Sitzungen bei Doktor Nervius notwendig.

Denkbar wäre auch, dass ein ganzes Konsortium von Ärzten notwendig wäre, um Helena wieder zu heilen.

Aber noch war nicht aller Zeitung Schluss.

Ihre telefonischen Recherchen hatten ergeben, dass in einem kleinen Dorf der südlichen Eifel, in einem kleinen Tante Emma Laden, ein Exemplar des „Journal für den Hausmann" noch vorhanden war.

Die Besitzerin hatte sich bereit erklärt, die Zeitschrift bis mittags zwölf Uhr zurückzulegen.

Nach zwölf Uhr würde sie dem ersten Kunden, der nach dem Journal fragen sollte, dieses verkaufen.

Es war mittlerweile neunuhrfünfzehn und Wolfgang war noch im Bereich Meerbusch unterwegs.

Wie Peitschenhiebe kamen die Anweisungen von Helena an Wolfgang.

Kaarster Kreuz auf die Autobahn in Richtung Köln.

Navigationssystem auf Oberlautenbach südliche Eifel programmieren.

Ankunft NICHT nach zwölf Uhr.

Kaum ausgesprochen folgte Wolfgang ihren Befehlen und bog auf die A 57 in Richtung Köln.

Bis zum Autobahn Neuss West war das Leben und die Ehe von Helena und Wolfgang Rezeptus in bester Harmonie.

Ab dem Autobahnkreuz Neuss West in Richtung Dormagen wurde der Niedergang dieser Ehe eingleitet.

Staus von bis zu sechzig Kilometern Länge und totaler Stillstand besiegelten das Ende eines harmonischen Lebens für Wolfgang Rezeptus.

Helena Rezeptus wurde im Landeskrankenhaus jeden Tag einem Konsortium von Ärzten vorgestellt, ohne dass es irgendwelche nennbaren Erfolge zur Heilung gab.

Wolfgang, der seine immer noch heißgeliebte Helena nicht alleine lassen wollte, stellte bei seiner Krankenkasse einen Antrag, um mit seiner Helena gemeinsam ein Zimmer im Landeskrankenhaus zu beziehen.

Die Krankenkassen von Helena und Wolfgang gaben diesem Ansinnen nach, stellten jedoch aus medizinischen Gründen eine Bedingung:
KEINE ZEITUNGEN MEHR IN DIE HÄNDE VON HELENA!!

# Willi Schlotterbeck

# Willi Schlotterbeck

Es ist einer der wunderschönen Frühlingstage, an dem wie immer morgens um sechs Uhr der Wecker des Familienoberhauptes Willi Schlotterbeck klingelte.

Vater Schlotterbeck drehte sich wie immer auf die linke Seite, um seiner Ehefrau Heidelinde Schlotterbeck den allmorgendlichen Kuß zur Begrüßung auch eines wunderschönen Tages zu geben.

Das Ganze war natürlich keine ganz ungefährliche Angelegenheit, mußte er sich doch vorbei an einem voluminösen Haarnetz, unter dem sich tückische Lockenwickler befanden, an die Wange seiner Ehefrau rankämpfen. In mittlerweile achtundzwanzigjähriger Ehe hatte er es aber zu einer gewissen Routine gebracht, so daß es nur selten zu einem unangenehmen Zusammenstoß mit eben diesen Lockenwicklern kam.

Danach drehte er sich wie jeden Morgen auf die rechte Seite und blieb exakt noch viereinhalb Minuten bis sechs Uhr fünf liegen, um dann peinlichst genau darauf achtend, mit dem rechten Bein zuerst aufzustehen.

Trotzdem schien es heute nicht so ganz sein Tag zu sein.

Nachdem er die ersten Schritte in Richtung zu dem selbstverständlich offenen Fenster gemacht hatte, stolperte er über den vor dem Bett liegenden Dackel Hannibal zu Hohenlungenstau.

Von der ganzen Familie kurz Hanni genannt.

Durch die kurz hinter Hanni gelegene Perserbrücke, die den wunderschönen Holzboden zierte, bekam Vater Schlotterbeck so viel Schwung, daß der ihn bis kurz vor den Heizkörper unter dem offenen Fenster beförderte.

Angesichts des vier Zentimeter sich vor seinem Gesicht wie die pure Bedrohung aufbauenden Heizkörpers fiel Vater Schlotterbeck ein, daß er von Glück sprechen konnte, sich gestern Abend vor dem Schlafengehen seines Gebisses entledigt zu haben.

Dieses Gebiss lag unversehrt und wohlbehalten im Badezimmer in seinem Zahnputzglas.

Nachdem er sich aufgerappelt hatte, begann seine Morgengymnastik in Form von genau zwölf Kniebeugen und dreizehn Rumpfbeugen.

Diese Morgengymnastik wurde jeden Morgen von den wollüstigen, ich werde jetzt wach Geräuschen seiner Ehefrau Heidelinde begleitet. Diese Geräusche vermittelten Vater Schlotterbeck das Gefühl von Heim und Familie.

Das morgendliche Grunzen seiner Gattin war auch der einzige Moment, wo er sich in gewisser Weise gehenlassen durfte.

Ansonsten erwartete er schon von seiner Familie ein Verhalten, was seiner Stellung als Familienoberhaupt gebührte.

Nach getätigter Morgengymnastik, die ihm auf Grund seines Gliederreißens immer schwerer fiel, ging er um sechs Uhr fünfzehn auf die Toilette.

Dort verweilte er wie jeden Morgen bis sechs Uhr fünfundzwanzig, um dann den Platz für seinen Sohn Dankwart zu räumen.

Die Herren im Hause Schlotterbeck hatten grundsätzlich Priorität.

Herr Schlotterbeck hatte natürlich noch eine Tochter mit dem wunderschönen Namen Mechthild.

Wenn er um sechs Uhr fünfundvierzig das Badezimmer an seinen Sohn Dankwart übergeben würde, war es ihm anschließend ziemlich einerlei, wie die Zeiteinteilung der beiden weiblichen Familienmitglieder gestaltet wurde.

Ach ja, der Gedanke an seine beiden Kinder Dankwart und Mechthild erwärmten sein stolzes Vaterherz.

Diese warmen Gedanken behielt er selbstverständlich für sich, könnten sie doch seine unangefochtene Stellung als Familienoberhaupt untergraben.

Besonders in letzter Zeit meinte er bei seinem achtzehnjährigen Sohn Dankwart revolutionäre Tendenzen erkennen zu können.

Hatte sein Sohn doch bei der letzten monatlichen Familienratssitzung eine Erhöhung des monatlichen Taschengeldes von derzeit sechzehn auf sage und schreibe monumentale zwanzig Euro beantragt.

Die Entscheidung hierüber würde natürlich frühestens bei der nächsten Familienratssitzung fallen.

Wobei Vater Schlotterbeck über einen Antrag nachdachte, die Entscheidung mit politischen und weltwirtschaftlichen Argumenten vielleicht noch um einen Monat zu verzögern.

Seine sechzehnjährige Tochter Mechthild schien von solchen Gedanken noch frei zu sein. Aber wenn er recht überlegte, meinte er beim letzten Sonntagessen bei ihr so etwas wie ansatzmäßig, provozierende

45

Langsamkeit beim Tischdecken beobachtet zu haben.

Nun gut, auch diese Ansätze wird er im Keim zu ersticken in der Lage sein.

Schließlich hat man ja seine Erfahrung als Familienoberhaupt, und in seiner Familie herrschten trotz gelegentlicher Aufruhrversuche, auch seiner Ehefrau Heidelinde, Zucht und Ordnung.

Wenn man seit seiner Beförderung zum Oberpförtner des Hauptores bei der Firma „Blechwerk Kannengießer & Söhne" nicht sogar von einer gewissen Unterwürfigkeit seitens seiner Familie sprechen muss.

Er selber versuchte durch ganz normales Verhalten seiner Frau und seinen Kindern gegenüber keine soziale Kluft entstehen zu lassen.

Schließlich war man ja nicht nur Oberpförtner und Familienoberhaupt, sondern auch noch Mensch.

Die Wichtigkeit seiner Person, die man im „Blechwerk Kannengießer & Söhne" wohl erkannte und ihn auch spüren ließ, mußte innerhalb seiner Familie nicht unbedingt zum Tragen kommen.

Frei nach seinem Motto: Dienst ist Dienst und Schnaps ist Schnaps.

Mit Schrecken stellte er fest, daß es schon sechs Uhr siebenundvierzig war.

Normalerweise saß er Punkt sechs Uhr sechsundvierzig am Frühstückstisch, bekleidet mit seinem Morgenmantel und auf dem Stuhl mit dem Rücken zur Wand, damit er von dort aus auch das gesamte Treiben seiner Familie überblicken konnte.

Seine Ehefrau hatte ihm wie immer den Frühstückstisch gedeckt.

Links von seinem Frühstücksbrettchen lag seine allmorgendliche Lektüre das „Morgendliche Morgenblatt".

Selbstverständlich mit der Vorderseite nach oben.

Vor seinem Frühstücksbrettchen stand ein Brotkorb mit frischen vom Bäcker gelieferten, nicht zu braunen Brötchen.

Rechts davon stand der Buttertopf und daneben ein Glas mit Marmelade und ein Glas mit Honig.

In seiner Kaffeetasse befanden sich schon ein Teelöffel Zucker und ein Schuß Kaffeesahne.

Der Kaffee wurde von seiner Ehefrau erst dann eingegossen, wenn er am Tisch Platz genommen hatte.

Und das war in der Regel um sechs Uhr sechsundvierzig.

Was den Kaffee anbetraf, so mußte er seiner Heidelinde ein uneingeschränktes Kompliment machen.

Heiß, aber nicht zu heiß; stark, aber nicht zu stark, genau wie er ihn vor seiner verantwortungsvollen Tätigkeit, die einen ungetrübten wachen Geist erforderte, brauchte.

Als wenn sie es gewußt hätte, dass heute ein besonders wichtiger Tag für ihn war, denn der Kaffee war noch eine Spur besser als sonst.

Heute wurde der neue Direktor für den Einkauf erwartet und sein oberster Chef, Herr Kannengießer sen., persönlich hatte ihn, wohlgemerkt IHN, darum gebeten, den neuen Direktor, Herrn Schreibgenau, am Haupttor zu empfangen und ihn in das Vorzimmer von Herrn Kannengießer sen. zu begleiten.

Aus diesem Grunde hat Herr Schlotterbeck seine beiden Unterpförtner und seine drei Hilfspförtner um sieben Uhr dreißig zu einer strategischen Lagebesprechung bestellt.

Selbstredend, dass er um sieben Uhr zwanzig anwesend sein würde.

Das war *die* Gelegenheit, seine Führungsqualitäten und seine Zuverlässigkeit unter Beweis zu stellen.

Pünktlich sieben Uhr vier sprach er die für heute entscheidenden Worte:

Heidelinde bitte meine Uniform!

Seine Ehefrau war natürlich *sofort* zur Stelle, da sie mit der Uniform in der Hand bereits auf ihn wartete.

Mit einem schwungvollen Satz schwang er sich in seine Hose, stieg in seine blank geputzten Schuhe, zog sein weißes Hemd an, band sich seine blaue mit Kannengießer Emblem verzierte Krawatte um und ließ sich dann von seiner Ehefrau in seine Uniformjacke helfen.

Wie immer begann er von unten an seine Jacke zuzuknöpfen.

Mittendrin erstarrte er.

Sein Kopf wurde puterrot und schien auf das doppelte Volumen anzuwachsen.

Seine Augen ähnelten mehr denen eines Ochsenfrosches denn eines Menschen.

Sein Mund öffnete sich und heraus kam nur ein Stammeln und undefinierbare Geräusche.

Sein Kopf schien noch mehr anzuschwellen und in Richtung Kürbis zu tendieren.

Seine Ehefrau, die gerade dabei war seine Stullen zu packen, genau drei an der Zahl, kam ob der seltsamen Geräusche in die Diele.

Wie sie ihren Willy sah fiel ihr das Paket Stullen aus der Hand und sie wollte gerade zu einem entsetzlichen Schrei ansetzen, als sich der Kopf von Herrn Schlotterbeck wieder zur Normalform zurückentwickelte.

Dann kamen seine glasklaren Worte wie Peitschenhiebe:
ES FEHLT EIN KNOPF!
An Willi Schlotterbecks Uniformjacke fehlte ein Knopf!

Es war sieben Uhr zehn, er hatte eine Fahrtzeit mit dem Fahrrad von zehn Minuten bis zu den Blechwerken Kannengießer & Söhne, er wollte um sieben Uhr zwanzig VOR seinen Untergebenen im Werk sein und an seiner Uniformjacke fehlte ein Knopf.

Heute, wo ER Herrn Direktor Schreibgenau empfangen und in das Vorzimmer von Herrn Kannengießer sen. begleiten sollte.

Das war das Ende seiner glanzvollen Karriere bei Kannengießer & Söhne.

Was hätte aus ihm noch alles werden können!

Vielleicht oberster Oberpförtner?

Vielleicht leitender Generalpförtner?

Aus. Alles aus.

Ein Krater, ein riesengroßer tiefer durch den gesamten Erdball reichender Krater tat sich vor ihm auf.

Aber Vater Schlotterbeck wäre nicht Vater Schlotterbeck, wenn er nicht versuchen würde, dem Schicksal mit seinem Kämpferherz entgegenzutreten.

Klar und präzise kamen seine Anweisungen:
„Heidelinde, *sofort* den Knopf annähen." „Dankwart, *sofort* das Fahrrad bereitstellen."

Wäre doch gelacht, wenn er durch noch konzentrierteres und heftigeres malträtieren der Fahrradpedalen die verlorene Zeit nicht wieder gutmachen würde.

Innerhalb von zwei Minuten hatte seine Ehefrau den Knopf an die Uniformjacke genäht.

Ihre Finger glichen zwar einer blutigen zerstochenen Masse, da sie keine Zeit damit verschwenden konnte, den Fingerhut zu suchen, aber hier ging es um wichtigere Dinge.

In Windeseile schoss Willi Schlotterbeck die zwei Etagen runter, wobei er durch die Geschwindigkeit seine Uniformmütze verlor, sie aber kurz vor den letzten drei Stufen mit einem Hechtsprung wieder fangen konnte.

Dass er mit der rechten Gesichtshälfte den Rahmen der Haustüre zertrümmerte sei nur am Rande erwähnt.

Draußen stand schon sein Sohn Dankwart mit dem Fahrrad, startbereit mit der rechten Pedale nach oben, am Straßenrand.

Vater Schlotterbeck zog den Riemen seiner Uniformmütze fest, schwang sich in den Sattel und trampelte los.

Da er oben auf einem Berg wohnte kam er schnell in Schwung und hatte nach ungefähr dreihundert Metern das Tempo erreicht, mit dem er normalerweise bis Kannergießer & Söhne durchfahren konnte.

Die Tatsache, dass er heute den neuen Direktor Schreibgenau empfangen sollte, war eigentlich ein Indiz dafür, daß es *sein* Tag werden sollte.

Eine nach der Hälfte der Strecke hinter einer Kurve über Nacht errichtete Baustelle aber entschied darüber, daß es *nicht* sein Tag wurde.

Dem Polizeibericht war zu entnehmen, dass ein etwa achtundvierzigjähriger Mann auf einem Fahrrad mit einem hochroten, kürbisähnlichen Kopf mittels überhöhter Geschwindigkeit in eine Baustelle raste.

Sein Sturz beförderte ihn noch circa 20 Meter über seinen Fahrradlenker.

Danach versuchte er noch einhundert Meter auf allen Vieren in Richtung der Blechwerke Kannengießer & Söhne zu kriechen.

Bis heute ist es den Ärzten nicht gelungen, die rechte Hand von Vater Schlotterbeck zu öffnen.

Eine Röntgenaufnahme ergab, daß sich in ihr wohl ein Uniformknopf befinden müßte.

Der ehemalige Oberpförtner von Kannengießer & Söhne, Willi Schlotterbeck, hat seit dem tragischen Unfall kein Wort mehr gesprochen und sich ganz der Zucht von Kürbissen gewidmet.

# Flavius
# Senkfuß

# Flavius Senkfuß

Flavius Senkfuß war nicht irgendein Postbriefträger, er war *der* Postbriefträger von Niederwackeloberndorf.

Er war der Hüter tausender tragischer und erfreulicher Geheimnisse, die Vertrauensperson vieler Stroh- und sonstiger Witwen.

Der Überbringer vieler Nachrichten per Brief, Wort oder Paket.

Er war eigentlich die wichtigste Person für die Menschen in Niederwackeloberndorf.

Entsprechend seiner Position auch sein Auftreten und sein Gang; würdevoll, erhobenen Hauptes und immer ein gönnerhaftes Lächeln auf den Lippen. Wohlwissend, dass er *der* Geheimnisträger des Ortes war.

Sein Fahrrad war auch nicht irgendein Postfahrrad.

Jeden Tag wurde es nach Dienstschluss von seinem Sohn Lukas exakt dreißig Minuten lang vom Dreck seiner langen und mühevollen Tagestour befreit und anschließend mit einer speziellen Politur wieder auf postgelbglänzend gebracht.

Diese dreißig Minuten waren das Ergebnis tagelanger, zäher Verhandlungen, um die Erhöhung des Taschengeldes seines Sohnes.

Nun, sein Sohn hatte eine viereinhalbprozentige Erhöhung erkämpft und Flavius Senkfuß hatte das sauberste Postfahrrad im ganzen Land.

Für seine Uniform war selbstverständlich seine Ehefrau Amarante Senkfuß zuständig.

Eine gar liebliche und von ihm hochgeachtete Frau.

Gut, er war zwar faktisch der Familienvorstand, aber seine Frau Amarante zog im Hintergrund die Fäden und traf auch letztlich die wichtigen Entscheidungen über das Familienbudget.

Vater Flavius konnte immerhin über ein nicht unerhebliches Trinkgeld, welches er überwiegend von den Stroh- und sonstigen Witwen bekam, frei verfügen.

Einen Teil davon gab er jeden Freitag dafür aus, um seiner Frau einen wunderschönen Blumenstrauß zu erstehen.

Denn Freitagnachmittag begann für Flavius Senkfuß das Wochenende.

Samstags wurde in Niederwackeloberndorf *keine* Post ausgetragen.

Das war eine Tatsache.

Das Ergebnis eines langen Kampfes zwischen seinem Hausarzt Wilhelm Pille und dem Amtsarzt Jonathan Gesundbistdu.

Sein Hausarzt Wilhelm Pille war ein Studienfreund von Jonathan Gesundbistdu.

Nur mit dem Unterschied, dass Jonathan den sicheren Posten des Amtsarztes bekommen hatte.

Seine maximale Arbeitszeit betrug vier Stunden am Tag, während Wilhelm sich manchmal bis zu zehn Stunden mit seinen Patienten herumschlagen musste.

Daraus ist natürlich eine gewisse Rivalität entstanden.

Diese Rivalität ging manchmal so weit, dass Amtsarzt Gesundbistdu aus einer Bronchitis, die vom Hausarzt Pille diagnostiziert wurde, mit aller Macht ein Ekzem machen wollte.

Im Falle des Postboten Flavius Senkfuß allerdings hatte er eine bittere Niederlage einstecken müssen.

Der Hausarzt von Herrn Senkfuß hatte ihm unter Zuhilfenahme eines Professors der Orthopädie eine Schwäche der beiden Knieinnen-aussenbänder bescheinigt, die eine maximale Arbeitszeit von fünf der sonst üblichen sechs Postarbeitstage zuließ.

Amtsarzt Gesundbistdu hatte auch hier wieder versucht, aus dieser Sache einen normalen Hexenschuss zu konstruieren, war aber letztlich an der Fachkompetenz des Professors für Orthopädie gescheitert.

Was ihn aber schadlos hielt war die Tatsache, dass er aufgrund seiner kurzen Arbeitszeit jeden Abend eine ganze Stunde vor Wilhelm Pille am Stammtisch saß.

Hier wurde grundsätzlich nicht über medizinische Fachfragen diskutiert, es sei denn, man trank mehr als zehn Viertele Wein.

Dann konnte der ganze Stammtisch schon mal in einen ärztlichen Fachkongress ausarten.

Wobei das Fachobjekt immer der Postbriefträger Flavius Senkfuß war, der sich auch Mitglied des Stammtisches „Volle Weinamphore" nennen durfte.

Heute war wieder einer dieser wunderschönen Freitage.

Senkfuß hatte unter anderem fünf Geldanweisungen zu überbringen.

Diese Geldanweisungen machten besondere Freude.

Riefen sie doch immer besonders fröhliche Gesichter hervor, und was noch wichtiger war, das Trinkgeld erreichte je nach Höhe der Überweisung manchmal gigantische Summen.

Besonders üppig fiel das Trinkgeld an jedem Ersten bei der Witwe Viktoria Wonneproppen aus.

Hier bestand der berechtigte Verdacht, dass sie ihre Rente absichtlich per Post überweisen ließ, um die Möglichkeit zu haben, den Postbriefträger Flavius Senkfuß in ihre Wohnung zu bitten.

Sie war zwar immer ordentlich gekämmt, etwas zu stark geschminkt und reichlich parfümiert, aber eigenartigerweise an jedem Ersten nur mit einem Morgenrock bekleidet, der dazu noch an einem chronischen Knopfmangel zu leiden schien.

Ihre großen himmelblauen, leicht wässrigen Hundeaugen erinnerten Flavius jedes Mal an den Bernhardiner von Förster Hartlieb Baumstumpf.

Dafür aber war ihr Kaffee, er musste logischerweise an jedem Ersten zwei Tassen davon genießen, von geradezu hervorragender Qualität.

Auch ihre selbstgebackenen Plätzchen verdienten das Prädikat besonders wertvoll.

Leider wurde der durchaus positiv motivierende Eindruck nach dem Abliefern der Rente bei der Witwe Wonneproppen, positiv motivierend natürlich nur auf seine Tätigkeit als Postbriefträger bezogen, durch den fast täglichen Besuch bei Herrn Emmerich Keingeld negativ beeinflusst.

Versuchte der doch durch Ignorieren des Klingelns durch Herrn Senkfuß den Eindruck zu erwecken, er sei nicht zu Hause, um die Postzustellung des Gerichtsvollziehers Bruno Geldholich nicht entgegennehmen zu müssen.

Es war einzig und allein der Penetranz des Postbriefträgers Senkfuß zu verdanken, dass Herr Keingeld nach etwa vierzehnminütigem Bearbeiten seiner Klingel durch Herrn Senkfuß die Tür öffnete und die Zustellungsurkunde für den Gerichtsvollzieher Geldholich unterschrieb.

Natürlich nur unter lauthalsen Äußerungen wie: vollkommen unberechtigt, Fehler der Justiz, Irrtum und er werde sich bei höherer Stelle über Herrn Gerichtsvollzieher Geldholich beklagen.

Dass hin und wieder beim anschließenden Türezuknallen eine Glasscheibe in die Brüche ging und dies seine finanzielle Situation nicht unbedingt günstig beeinflusste, sei nur am Rande erwähnt.

Dies, wie gesagt, trübte etwas den Eindruck des vorherigen Besuches bei der Witwe Wonneproppen.

Gab ihm aber wiederum die Gelegenheit, bei dieser vierzehnminütigen Klingelaktion, für die er ja nur eine Hand benötigte, mit der anderen Hand einen Teil der von ihm noch nicht gelesenen Post- und Ansichtskarten genauestens zu studieren.

Natürlich wahrte er das Postgeheimnis.

Natürlich nur, wenn jemand in der Nähe war.

Ansonsten war er der Meinung, dass ein gewisser Umfang an Informationen sehr wichtig sein konnte.

So zum Beispiel konnte er ältere Mitmenschen, denen eine schlechte Nachricht ins Haus stand, durch ein mitfühlendes Vorgespräch auf eben diese schlechte Nachricht vorbereiten, um so einen eventuellen plötzlichen Zusammenbruch zu vermeiden.

Das wiederum verstand er als Hilfe für die Menschen.

Weitergedacht auch ein nicht mehr nötiger Einsatz durch Herrn Amtsarzt Gesundbistdu, der auch noch die Gemeindekasse in nicht unerheblichen Maße belasten würde.

Herr Flavius Senkfuß fühlte sich in der Rolle des helfenden Menschen und Beamten sehr wohl.

Bei dem Gedanken schoss ihm ein heißer Schauer der Erregung und des Stolzes über seinen leicht gekrümmten Staatsdienerrücken.

Gesteigert wurde dieses Gefühl noch durch die Tatsache, dass er alle seine guten Taten seiner Frau Amarante erzählte und diese einen nicht unerheblichen Teil des Tages damit verbrachte, diese, seine guten Taten, in der ganzen Stadt allen Menschen die es hören wollten oder nicht, zu erzählen.

Ach, er war schon ein guter Mensch, dachte er sich, und ließ seinen Brustkorb so anschwellen, dass ein Teil seiner Knöpfe an seiner Uniformjacke abzuspringen drohten.

Voller Stolz betrachtete er auch noch sein postgelbes Fahrrad und entdeckte dabei voller Entsetzen, dass er im Vorderreifen einen Plattfuß hatte.

Schlag auf Schlag ging im die Situation durch den Kopf - Fahrrad flicken hieße dreckige Hände, eventuell sogar dreckige Uniform, und das kurz vor dem Haus Nummer vierundzwanzig, wo es galt, bei Frau Gemeinderätin Esmeralda Wichtig ein Päckchen abzuliefern.

Eine Katastrophe.

Herr Gemeinderat Harro Wichtig war im Gemeindeausschuss unter anderem für die Überwachung der Tätigkeit von Herrn Flavius Senkfuß und deren Beurteilung bezüglich einen eventuellen Beförderung zuständig.

Frau Gemeinderätin war eine nicht unattraktive Frau, der er normalerweise nur in tadelloser Uniform entgegentrat.

Selbst bei allergrößter Hitze knöpfte er, bevor er zum Haus Nummer vierundzwanzig kam, immer seine Uniformjacke zu und begrüßte Frau Gemeinderätin Wichtig mit einem knallenden Hacken zusammenschlagen. Immer dabei an seine Beförderung denkend.

Ihren, in seinen Augen lüsternen Blicken, versuchte er durch einen kühlen über den Dingen stehenden Beamtenblick zu erwidern.

Eben so, wie es sich für einen unbestechlichen Staatsdiener gehörte.

Zugegeben, es gelang ihm nicht immer.

Und jetzt diese Situation!

Er musste, schoss es ihm durch den Kopf, sein Postfahrrad einfach ein Haus weiter vor der Nummer sechsundzwanzig abstellen in der Hoffnung, dass Frau Gemeinderätin Wichtig dies nicht bemerkte.

Vielleicht sollte er zum Wohl der Allgemeinheit dieses Mal den lüsternen Blicken der Frau Gemeinderätin *nicht* ausweichen, um sie so von den suchenden Blicken nach seinem glänzenden postgelben Fahrrad abzulenken.

Seine Uniform wie immer überprüfend klingelte er, nachdem er sein Fahrrad vor der Nummer sechsundzwanzig abgestellt hatte, bei der Frau Gemeinderätin Wichtig.

Als diese die Tür öffnete und ihn mit ihren lüsternen Blicken betrachtete, fasste Flavius Senkfuß seinen ganzen Mut zusammen und schaute in ihre Augen, ganz ohne den abweisenden Beamtenblick.

Um den Blick auf sein nicht anwesendes Fahrrad zu versperren breitete er seine Arme aus, was zur Folge hatte, dass sich *sämtliche* Knöpfe seiner Uniformjacke in alle Richtungen davonmachten.

Esmeralda Wichtig verstand diese Geste völlig falsch.

Mit einen Aufschrei der Freude trat sie zwei Schritte nach vorn, um sich in die Arme des so von ihr geliebten Postbriefträgers Flavius Senkfuß zu stürzen.

Leider stand Herr Senkfuß am Rande der obersten Stufe einer langen Freitreppe des Hauses der Nummer vierundzwanzig.

Als er wieder langsam zu sich kam befand er sich unten am Ende der langen Freitreppe auf dem Boden liegend.

Über ihm lag Frau Gemeinderätin Esmeralda Wichtig mit aufgerissener Bluse, zerfetztem Rock und war dabei, ihn mit lüsternen Blicken und

wollüstigem Stöhnen zu umarmen und zu küssen.
Just in diesem Moment kam der gesamte Gemeinderat zur Besichtigung
vorhandener Straßenschäden vorbei.
Allen voran Gemeinderat Harro Wichtig!

Dies war natürlich das Ende der Zeit, in der in Niederwackeloberndorf nur
an fünf Tagen die Post ausgetragen wurde.

Der neue Postbriefträger hatte keinen Knieinnenaussenbandschaden und
musste die postüblichen sechs Tage arbeiten.

Dafür konnte er einen frei gewordenen Platz beim Stammtisch „Volle
Weinamphore" einnehmen.

# Rupert Wartehaus

# Rupert Wartehaus

Rupert Wartehaus galt als einer der besten Busfahrer der Stadt. Beliebt wegen seines verbindlichen Wesens und gefürchtet wegen seiner unerbittlichen Gerechtigkeit.

Rupert hatte seinen Bus fest im Griff und peinlichst sauber. Die Reinigung nahm er an jeder Endhaltestelle selber in die Hand. Dafür hatte er eigens ein ganzes Sortiment von Putzmitteln im Wagen.

Schlimm wurde es für denjenigen, den er dabei erwischte, seinen Unrat im Bus zu hinterlassen, musste der doch bis zur Endhaltestelle mitfahren und dort zur Strafe den ganzen Bus sauber machen.
In der Beziehung war Rupert unerbittlich und gleichzeitig gerecht, behandelte er doch alle Sünder gleich.
Egal ob Schüler und Jugendliche oder die Damen und Herren vom Stadtrat.
Vor Herrn Rupert Wartehaus waren alle gleich.
Was seine Haltestellenansagen betraf, so hatte er durchsetzen können, dass sie alle über Lautsprecher mit einer kleinen Fanfare vorneweg angekündigt wurden.
Danach kam dann seine Durchsage, die immer mit einem Spruch zur Lage des Tages verbunden war.
Auch die Einhaltung des Fahrplans war für Rupert eine Religion.
Er tat alles, aber auch alles, um pünktlich auf die Sekunde an der jeweiligen Haltestelle vorzufahren.
Warteten doch da Menschen auf ihn, die das Recht hatten, egal bei welchem Wetter, nicht unnötig auf *seinen* Bus warten zu müssen.
Wie zum Beispiel an der Haltestelle „Zum Wildpfad", wo jeden Morgen um neun Uhr vierzehn das Rentnerehepaar Josef und Josefine Mooshammer stand.
Nicht auszudenken, sollte er hier mal zu spät kommen!
Jeden Morgen sah er sie schon von weitem lamentieren und streiten.
Und das mit einer Lautstärke, dass er jedes Mal dachte, er würde auf eine Großdemonstration zufahren.
Da sie immer in der letzten Reihe sitzen wollten sorgte er vorher dafür, dass diese Reihe frei blieb.
Ihm schauderte bei dem Gedanken, sie würden hinten mal keinen Platz

finden und sich weit nach vorne setzen und ihren täglichen Streit direkt hinter seinem Rücken austragen.

Es wäre eine Gefahr für die Sicherheit seiner Fahrgäste und seinen geliebten Bus.

Am meisten stritten sie sich darüber, wo man am besten und billigsten einkaufen konnte, ob das für Mittag geplante Gericht nun wirklich auch in dieser Jahreszeit am günstigsten wäre, ob man nicht vielleicht in drei Wochen die Gurken noch billiger bekäme und ob es heute vielleicht preiswerter und sinnvoller wäre, auf die roten Rüben auszuweichen.

Außerdem war da ja noch die Frage zu klären, ob Jupp denn jeden Tag Fleisch essen müsse.

Jeden Tag Fleisch würde nur seinen Organismus und das Familienbudget belasten.

Eine Sauerampfersuppe, meinte Josefine, sei sehr schmackhaft, blutreinigend, wächst im eigenen Garten und sei praktisch ohne Kosten.

Wenn es nach Josef ging, würde er mit Sauerampfer höchstens die Fliegen vom Spanferkelbraten verscheuchen.


Da es bis zum Markt immerhin zwölf Stationen waren, hatten die beiden noch reichlich Zeit, über die Zusammensetzung des Mittagsmahls zu streiten.

Wenn man gar keinen Konsens fand, stieg man am Marktplatz vorn bei Rupert aus, um ihn im Vorbeigehen ganz scheinheilig zu fragen, was denn seine Frau heute kochen würde.

Und so kam es öfter vor, dass die Familie Mooshammer fünf Kilometer entfernt das Gleiche kochte wie die Familie Wartehaus.

Wobei es für die Mooshammers klar war, dass sie den entscheidenden Anstoß gegeben hatten.

Eben, weil sie die klareren Vorstellungen hatten und vor allen Dingen immer einer Meinung waren.

So wie es sich für ein gut harmonierendes Ehepaar nach zweiundfünfzig Jahren gehörte.

An der Haltestelle Oststraße stieg jeden Tag um neun Uhr zweiundzwanzig der pensionierte Oberlehrer Trutz Trotzkopf ein.

Ein unangenehmer Zeitgenosse, aber nach Ruperts Verständnis hatte ja jeder Fahrgast das gleiche Recht, egal ob angenehm oder unangenehm.

Trutz stand schon mit der Stoppuhr an der Haltestelle und wehe, Rupert sollte sich mal um zwanzig Sekunden verspäten!

Die ganze Welt musste ja bei solch anarchistischem Verhalten der Busfahrer in Unordnung kommen. Zu seiner Zeit hätte es so etwas nicht gegeben.

Als er noch jung und in der Blüte seines Lebens stand, waren Zucht und Ordnung noch gang und gäbe.

Seine Jugend war nicht so verlottert wie die heutige. Früher gab es noch gutes deutsches Liedgut und nicht so eine Negermusik.

Da wurde noch gewandert, und beim Wandern mit der Gitarre gespielt und gesungen.

Das waren noch Zeiten.

Die ganze Kriminalität wäre unter Adolf sowieso nicht passiert. Der hätte die ganzen Gammler und Punker und sonstigen Geschminkten ins Arbeitslager gesteckt und ihnen dort die Flötentöne beigebracht.

Die heutigen Regierungen gingen doch viel zu zaghaft mit diesem ganzen Geschmeiß um, die solch ordentlichen Deutschen wie ihn auch noch auf der Straße belästigten.

Aber er wusste sich schon mit seinem Spazierstock zu wehren.

Schließlich hatte er doch ehrenwert beim Militär gedient und es dort immerhin zum Hauptgefreiten gebracht.

Nur das unselige Ende des Krieges hatte verhindert, dass er nicht zum Unteroffizier befördert wurde.

Aber zum Glück gab es ja noch einige alte Kameraden, mit denen er sich häufiger traf und die alten Lieder sang.

Das waren *die* Lichtblicke in seinem Leben, in der sonst um ihn herum so verkommenen Welt.

Er fühlte sich auch dazu berufen, die alten Tugenden zu bewahren und, wenn es die Möglichkeit gab, sie zu vermitteln.

Und dies konnte er seiner Meinung nach am besten im Autobus von Herrn Rupert Wartehaus.

Denn dieser würde es auf Grund seines gerechten Denkens niemals wagen, Herrn Trotzkopf in seinen Tiraden zu unterbrechen.

Auch wenn es ihn persönlich furchtbar nervte und nicht seiner Gesinnung entsprach.

Aber wenn man das Ehepaar Mooshammer streiten ließ, musste man auch Herrn Trotzkopf lamentieren lassen.

Lustig wurde es allerdings, wenn am Roten Weg der alte pensionierte Eisenbahner Erich Hammersichel um neun Uhr achtunddreißig einstieg.

Sein erster Blick ging grundsätzlich in Richtung Herrn Trotzkopf und sofort fingen seine Augen kampflustig an zu blinzeln.

Erich war genau das Gegenteil von Trutz Trotzkopf; lustig, lebensfroh, mit der Jugend auf du und du.

Vor allen Dingen, er mochte keine ewig Gestrigen.

Auch heute stieg Erich Hammersichel mit einem schallend fröhlichen *Guten Morgen allerseits* in den Bus.

Bei Herrn Trotzkopf zogen sich die Magenwände zusammen.

Zielstrebig ging Erich in Richtung Herrn Trotzkopf und setzte sich, wie immer zum Entsetzen von diesem, genau ihm gegenüber.

„Wie geht's uns denn?" donnerte er ihm mit seinem offenen breiten Lächeln entgegen.

Er möge doch bitte nicht so schreien, wurde ihm entgegnet. Schließlich sei man nicht mehr der Jüngste und hätte so mit seiner Migräne zu kämpfen.

Ob denn seine Migräne nicht vielleicht von seiner griesgrämigen Lebenseinstellung käme, meinte Erich etwas mitleidig lächelnd.

Worauf sich die Magenwände von Trutz nun vollends zusammenrollten und die Magensäure in der Menge des Morgenkaffees nach oben schoss, was seinem Gesicht ein noch griesgrämigeres Aussehen verschaffte.

Erichs Laune steigerte sich in ein unermessliches Glücksgefühl, wenn er in das Gesicht von Trutz Trotzkopf schaute und schon wieder eine neue Kummerfalte entdeckt hatte.

Dann fragte er ihn, ob er denn heute morgen schon seine militärischen Übungen durchgeführt hätte, und dass er deshalb für den Rest des Tages einen Stock brauchte.

Oder gäbe es einen anderen Grund für die Tatsache, das Herr Trotzkopf mehr wie ein zu kurz geratener Flummi durch den Bus hüpfte und nicht wie ein ehemaliger Elitesoldat.

Erich machte grundsätzlich fünfundzwanzig Kniebeugen, bevor er sich anschließend locker in seinen Bussessel fallen ließ, einmal kurz durchatmete, um sich dann mit einer leichten Verbeugung davon zu überzeugen, dass alle anwesenden Damen Notiz von ihm nahmen und sich auf den bald folgenden Streitdialog zwischen Herrn Trotzkopf und Herrn Hammersichel konzentrieren würden.

Denn das war eins *seiner* Hobbys, der Morgenstreit mit Herrn Trotzkopf!

Es war Labsal für seine Seele und Doping für seinen Kreislauf.

Als alter Widerstandskämpfer kannte man ja solche Leute zur Genüge.

Und man stritt sehr gerne mit ihnen.

Heute hatte Erich besonders Lust, Herrn Trotzkopf auf die Schippe zu nehmen, und so fing er an, auch auf die verlotterte Jugend von heute zu schimpfen. Sofort bekam Herr Trotzkopf einen dicken Hals und sein Kopf schwoll rot an.

Da müsse er ihm ausnahmsweise mal recht geben, und vielleicht wäre bei Herrn Hammersichel ja noch nicht Hopfen und Malz verloren, wenn er endlich einsichtig würde.

Sollte er seine Meinung wirklich geändert haben, sei er jederzeit zu einem Treffen seiner alten Kameraden eingeladen, denn er gehe ja davon aus, dass Herr Hammersichel auch noch das alte Liedgut beherrsche.

Ich kann mich beherrschen, dachte Erich!

Aber er wollte den ewig Gestrigen noch etwas in dem Glauben lassen, dass ihn dieses Treffen wirklich interessiere und meinte, dass er noch ein altes Liederheft habe, verschwieg aber, dass es sich um ein altes Rotfrontliederbuch handelte.

An der nächsten Haltestelle stiegen einige Jugendliche ein, denen Herr Trotzkopf nebst seiner Gesinnung bekannt war.

Sie fingen lauthals an zu singen und schmissen mit Papier und sonstigem Unrat um sich.

Das ließ Herrn Rupert Wartehaus sofort, ohne Rücksichtnahme auf den Fahrplan, in die Bremsen steigen. Nachdem er gehalten hatte, ging er nach hinten und forderte die Bande, wie er sie nannte, auf, sofort den Dreck aufzusammeln.

Da diese sich weigerten, verschloss er automatisch alle Türen, so dass niemand den Bus verlassen konnte.

Dann setzte er sich wieder ans Steuer und fuhr an allen Haltestellen vorbei in Richtung Endstation.

Alle waren praktisch seine Gefangenen. Das ausgerechnet ihm, bei seinem Ordnungs- und Gerechtigkeitssinn, das passieren musste.

Für ihn war der nie erwartete Ernstfall eingetreten.

Das, was er manchmal in seinen Alpträumen erlebt hatte, aber nie gedacht hätte, dass ihm das in Wirklichkeit passieren könnte.

*Die* Katastrophe seine Lebens.

Langsam wich sein Gerechtigkeitssinn einer Hinrichtungsmentalität.

*Ihm*, Rupert Wartehaus, *seinen* Bus zu verunreinigen und in *seinem* Bus zu randalieren.

Das war nur gleichzustellen mit einem Weltuntergang.

Konnte er seiner Familie je wieder unter die Augen treten, wenn er diese Situation nicht in den Griff bekam?

Er würde als Schwächling bei all seinen Bekannten dastehen.

Seine Kollegen würden denken, dass man ausgerechnet in seinem Bus machen könnte, was man wollte.

Entsetzliche Gedanken!!

Er trat auf das Gaspedal, bis sein Bus einhundert Stundenkilometer erreichte und hatte nur einen Gedanken, er musste die Endhaltestelle erreichen.

Er musste es ihnen zeigen, dass er in der Lage war, wieder für Ordnung in seinem Bus zu sorgen.

Er beachtete keine roten Ampeln, sondern raste in einem durch.

Mittlerweile wurde der Bus schon von fünf Streifenwagen der Polizei verfolgt.

Im Bus versuchte inzwischen Herr Trotzkopf mit seinem Spazierstock, den er als Degen benutzte, Herr der Lage zu werden und die ganze Horde in den hinteren Teil des Busses zu treiben.

Die lachten ihn natürlich aus und fingen noch zusätzlich an, den ganzen Bus voller Popcorn zu streuen. Erich Hammersichel genoss die Vorstellung sichtlich und hatte einen Heidenspaß am Verhalten von Trutz Trotzkopf. Sehr wahrscheinlich sein erster ehrlicher Kampf dachte er.

Mittlerweile hatte der Bus einhundertzwanzig Stundenkilometer drauf und fuhr auf zwei Rädern durch die nächste Kurve.

Die Anzahl der Streifenwagen hatte sich inzwischen auf fünfzehn verdreifacht und es hatten sich vier Krankenwagen angeschlossen.

Von der anderen Seite der Stadt waren noch zwei Feuerwehrlöschzüge und drei Mannschaftsbusse der Polizei unterwegs.

Herr Trotzkopf fuchtelte derweil im Bus weiter mit seinem Spazierstock durch die Gegend, während sich die Mooshammers ungeachtet der Vorkommnisse weiterhin darüber stritten, was man denn zum Mittagessen kochen sollte.

Josef tendierte mehr zu einem saftigen Schweinebraten, während Josefine irgend etwas von ach so gesunder Brennnessel brabbelte.

Als sie dann aber beide von Popcorn überschüttet wurden, kam man auf einmal gemeinsam auf die Idee, es vielleicht mal mit Mais zu versuchen. Das wäre ein Gemüse, das er auch zum Schweinebraten essen würde, meint Josef Mooshammer.

Sonst merkten sie von dem ganzen Chaos im Bus nichts.

Auch als sie schon am Markt vorbei waren.

So sehr vertieften sie sich in ihr persönliches Streitgespräch.

Rupert Wartehaus hatte inzwischen weißen Schaum vor dem Mund und seine Augen standen weit vor dem Kopf - nur auf die Endhaltestelle gerichtet.

An dieser angekommen trat er so kräftig auf die Bremsen, dass alle Insassen in den vorderen Teil des Busses geschleudert wurden und die Polizei nebst Feuerwehr Stunden damit verbrachten, die ineinander verknoteten Menschen zu entwirren.

Die Fahrt verkraftete Herr Rupert Wartehaus leider nicht.

Er darf nur noch zu Hause, unter Aufsicht seiner Frau, an den Lenker eines Spielzeugautos.

Die beiden Mooshammers streiten jetzt im neuen Bus weiter und Herr Trutz Trotzkopf steht jeden Tag kurz vor einem Herzinfarkt, weil der neue Busfahrer nicht so pünktlich ist, worüber sich Erich Hammersichel köstlich amüsiert.

# Bruno
# Lenkrad

# Bruno Lenkrad

Bruno Lenkrad war Taxifahrer. Taxifahrer mit Leib und Seele. Er war siebenunddreißig Jahre alt und damit ein Jahr jünger als sein Opel Kapitän, Baujahr 1964.

Ein zitronengelber Opel Kapitän mit schwarzem Taxischild, Blumenvase und Handbremse.

Die Reifen waren selbstverständlich Weißwandreifen, die jeden Tag besonders gründlich gereinigt werden mussten.

Auch die Chromteile seines Wagens wurden vor jeder Schicht in stundenlanger Arbeit auf Hochglanz gebracht.

Da Bruno Junggeselle war, hatte er keine Ehefrau, der er diese Aufgabe übertragen konnte.

Sehr zu seinem Leidwesen.

Andererseits, würde eine *Frau* diese Aufgabe mit derselben Hingabe erfüllen können wie es Bruno tat?

Da kamen ihm doch einige Zweifel auf, und so viel es ihm wesentlich leichter, jeden Tag zwei Stunden früher aufzustehen, um diese Aufgabe zu erfüllen.

Immerhin zwei Stunden seines ohnehin nicht reichlich bemessenen Schlafes.

Bruno war jemand, der seine Stadt, das liebliche Büderich, kannte wie seine sprichwörtliche eigene Westentasche.

Er war jederzeit für seine Kunden dienstbereit.

Egal ob am Tage oder in der Nacht.

Nur seine Mittagspause, täglich von zwölfuhrfünfundzwanzig bis dreizehnuhrvierzehn, war sozusagen heilig und nur für „Notfälle" zu opfern.

Unter „Notfälle" verstand Bruno zum Beispiel einen noch nicht abgegebenen Wettschein für das nächste Pferderennen, einen vergessenen Lottoschein oder eine Platzierung für das nächste Hunderennen.

Ein großer Fahrauftrag von etwa fünfhundert Kilometer Länge, Traum eines jeden Taxifahrers, war für Bruno KEIN Notfall, um seine Mittagspause zu unterbrechen.

Heute hatte er sich wie immer um acht Uhr früh an seinem Taxistandplatz gegenüber dem Wettbüro „Zum letzten Euro" angestellt und wartete auf seinen ersten Fahrgast.

Am liebsten wäre ihm eine Fahrt zum Düsseldorfer Rathaus, weil dort gegenüber auch ein Wettbüro war.

Aber im Leben kommt immer alles anders als man denkt.

Für Bruno kam das etwas Andere in Form von Tilla Kinderreich und ihren vier Kindern Hänschen, Heini, Hulda und Hella.

Alle hatten ein Eishörnchen aus der Eisdiele Pra Lewis in der Hand und steuerten zielstrebig auf das wunderschöne Taxi von Bruno Lenkrad zu. Als dieser die eisschleckende Horde auf sich zukommen sah, war es für einen Fluchtversuch schon zu spät.

Bevor er überhaupt zu einer Ausrede ansetzen konnte, hatte Tilla Kinderreich neben ihm Platz genommen und ihre vier Kinder tummelten sich auf dem Rücksitz des wunderschönen Opel Kapitän Baujahr 1964.

Bruno betrachtete liebevoll sein Taxi und hätte am liebsten noch ein Foto gemacht mit dem Titel „Mein Auto *vor* der Fahrt mit Tilla Kinderreich und ihren Kindern."

Aber vielleicht ging ja alles besser als er befürchtete.

„Wohin darf die Fahrt gehen?" fragte er Tilla Kinderreich.

„Wir wollen Sie für den ganzen Tag mieten" sagte Tilla Kinderreich.

„Eine wunderschöne Rundreise durch die Umgebung von Büderich und an den Niederrhein machen."

Für Bruno Lenkrad stürzte der Himmel zusammen.

Den Ganzen Tag mit vier Kindern im Taxi!

Nicht in irgendeinem Taxi, nein, in SEINEM Opel Kapitän Baujahr 1964!!!

Und seine Mittagspause war unwiderruflich für den heutigen Tag verloren.

Konnte es schlimmeres geben?

Wohin soll es denn zuerst gehen fragte er vorsichtig.

„Zur Arche Noah" meinte Tilla Kinderreich. „Wir wollen dort die Tiere füttern, vor allen Dingen die niedlichen Hängebauchschweinchen."

Bruno startete sein Taxi und fuhr zur Arche Noah.

Hinter sich hörte er vier Kinderzungen mit Hingabe an ihrem Eis aus der Eisdiele Pra Lewis schlecken.

Die Einladung, doch mit seinen Fahrgästen durch den Streichelzoo zu gehen, lehnte er mit dem Hinweis ab, er wolle sein Taxi nicht unbeaufsichtigt lassen.

In Wirklichkeit plante er, in der Zwischenzeit mittels seiner Putzmittel, die er immer im Kofferraum mitführte, die Eisflecken auf seiner Rückbank zu beseitigen. Nach einer halben Stunde Wartezeit und mittlerweile wieder sauberer Rückbank erschien Tilla Kinderreich mit ihren vier Kindern.

Stolz erzählten sie, dass sie in das Hängebauchschweingehege gehen und dort mit den süßen Schweinchen herumtollen durften.

Bruno Lenkrad *sah* und *roch* es.

Dass in einem Schweingehege kein Parkettboden lag, war auch ihm klar.

Dass der Schweinemist sich aber auch in den Haaren wiederfinden konnte, war im bisher unbekannt.

Als die ganze Horde sich laut lärmend in sein Taxi stürzte, natürlich ohne jegliche Reinigungsversuche, meldete sich sein längst vergessenes Magengeschwür wieder.

Wäre ein kleiner Schwächeanfall vielleicht die Chance, einen Kollegen zu bitten, seine Kunden zu übernehmen?

Er verwarf den Gedanken gleich wieder. Er kannte seine Kollegen, die würden sofort den Braten riechen und dankend ablehnen oder mit guten Ausreden sich der Übernahme entziehen.

Ihm war klar, wenn er den Tag überstanden hat, wird ihn sehr wahrscheinlich nichts mehr im Leben überraschen können.

Vorsichtig fragte er nach dem nächsten Fahrziel.

„Bitte an den Autoschalter von McDonald" sprach Tilla Kinderreich.

„Dann können die Kinder während der Fahrt ihre Hamburger und Pommes essen."

Bei Bruno Lenkrad meldete sich das zweite vergessene Magengeschwür.

Auch meinte er einen Stich in seiner Herzgegend zu spüren.

Wofür bestrafte ihn der Liebe Gott?

Er hatte keine Frau, die er betrogen hat, er hatte seine Steuern immer pünktlich bezahlt.

Oder war es die Strafe dafür, dass er sein Trinkgeld nicht im vollen Umfang dem Finanzamt gemeldet hat?

Gut, dafür bestraft werden war ja in Ordnung, aber gleich die Höchststrafe?

Der großgewachsene Bruno Lenkrad wurde immer kleiner hinter dem Lenkrad seines wunderschöne Opel Kapitäns.

Dass die Kinder alles mit doppelter Soße und doppelt Mayonnaise bestellten, wunderte ihn schon gar nicht mehr.

Tiefe Resignation machte sich bei Bruno breit. Sollte sein Leben mit siebenunddreißig Jahren schon ein Ende haben?

„Bitte die Fenster nicht zu weit runter, meine Kinder könnten sich erkälten" raunte Tilla Kinderreich ihm zu.

Die Außentemperatur betrug an diesem Tag siebenundzwanzig Grad und sein alter Opel Kapitän hatte natürlich *keine* Klimaanlage.

„Jetzt bitte nach Hinsbeck, dort ist eine kleine Kirmes und auf der Fahrt dorthin können die Kinder einen kleinen Mittagsschlaf halten."

In Höhe des Neersener Kreuz hatte Bruno Lenkrad nicht nur vier schlafende Kinder und einen Berg von Essensresten in seinem Wagen, sondern direkt neben sich eine laut vor sich hinschnarchende Tilla Kinderreich.

Wäre er als Taxifahrer angestellt und wäre es nicht sein Wagen, gäbe es für ihn nur eine Entscheidung, den Wagen samt Inhalt auf der nächsten Raststätte abstellen und nach Hause trampen.

Aber erstens war er selbstständig und zweitens war der Opel Kapitän sein ganzer Lebensinhalt. So wie andere verheiratet waren.

Er war gewissermaßen sein eigener Gefangener.

Nach einer Stunde Fahrzeit erreichte er das kleine Städtchen Hinsbeck und den dortigen Kirmesplatz.

Die Kinder waren wieder wach geworden und das Grunzen von Tilla Kinderreich war auch beendet.

Die Einladung zur Kirmes lehnte er auch dankend ab.

Er hatte nur eins im Sinn - Schadensbegrenzung - was die Verschmutzung seines Autos betraf.

Zu diesem Zweck suchte er einen großen Müllcontainer.

Mitten in seinen Bemühungen trat ein Polizist zu ihm und fragte ihn, warum er denn ausgerechnet hier nach Hinsbeck gekommen wäre, um den Unrat der letzten vier Wochen aus seinem Auto zu laden.

Als Bruno ihm erklärte, dass dies Essensreste seiner Fahrgäste sei, nickte dieser gnädig, klopfte ihm auf die Schulter und ließ ihn mit einem Kopfschütteln, das man normalerweise für Menschen mit nicht mehr ganz gesundem Verstand übrig hatte, stehen.

Nach zwei Stunden des Säubern und Wartens kam Tilla Kinderreich mit ihren vier Kindern von der Kirmes zurück zu dem wunderschönen Taxi von Bruno Lenkrad.

Jedes ihrer Kinder hatte ein angeknabbertes Lebkuchenherz um den Hals, Zuckerwatte in der einen Hand und einen glasierten Apfel in der anderen.

Tilla selber hatte eine Riesentüte Popcorn im Arm und bediente sich laut schmatzend aus dieser.

Mit vollem Mund bat sie Bruno die Wagentüren zu öffnen, da weder sie noch ihre Kinder eine Hand frei hatten.

Bruno handelte nur noch im Unterbewusstsein.

Mit starrem Blick startete er seinen zitronengelben Opel Kapitän Baujahr 1964 mit den wunderschönen Weißwandreifen.

In den nächsten dreißig Minuten hörte er nur ein Rascheln, Knistern und Schmatzen in seinem Auto.

Wieder am Neersener Kreuz angelangt hörte Bruno die ihm wohlbekannten Geräusche von schlafenden Kindern und der schnarchenden Tilla Kinderreich.

Immer noch nur im Unterbewusstsein handelnd fuhr Bruno Lenkrad mit seinem Taxi von der Autobahn runter zur nächsten Raststätte.

Dort bot sich zwei Stunden später den anderen Besuchern der Raststätte ein skurriler Anblick.

Vor dem Restaurant der Raststätte stand ein zitronengelber Opel Kapitän Baujahr 1964.

In dem Opel Kapitän saßen vier plärrende Kinder und eine vor sich hin schnarchende Tilla Kinderreich.

Im und um das Auto herum lagen Berge von Popcorn, angeknabberten glasierten Äpfeln und Reste von Zuckerwatte.

Davor kniete ein mittlerweile hoffnungslos betrunkener Bruno Lenkrad laut weinend auf dem Boden und streichelte liebvoll den Kühler seines Autos.

Den Fußgängern in Büderich am Deutschen Eck bot sich seitdem ein ganz anderes Bild.

Ein lieblich vor sich hin lächelnder Bruno Lenkrad saß jeden Tag vor der Eisdiele Pra Lewis und betrachtete mit wehmütigem Blick die an und abfahrenden Taxen am Taxistand.

Vor ihm auf dem Tisch stand ein kleines Modellauto.

Ein zitronengelber Opel Kapitän Baujahr 1964.

# Odalinde von Knüppelstein

# Odalinde von Knüppelstein

Es ist einer dieser kühlen, windigen Herbsttage.

Fräulein Odalinde von Knüppelstein schüttelt noch mal ihre Wildseidendecke auf, richtet die Kissen zu einem ordentlichen Gebilde, wirft einen fast zärtlichen Blick entlang der geblümten Tapete durch ihr Naturholzschlafzimmer.

Piep, piep, piep ruft mit leicht geschwächter Stimme Hansilein aus der Küche.

Ach Hansilein ihr Wellensittich.

Gestern noch war sie mit ihm bei Dr. Vogelkot. Hatte ihr Hansilein doch bewegungslos auf dem Käfigboden gelegen.

Nach einer Mund zu Mund Beatmung durch Dr. Vogelkot wurde er wieder zum Leben erweckt und eine anschließende Frischzellenkur scheint ihn so gestärkt zu haben, dass sie es wagen konnte, ihn am Tage allein zu lassen.

Fräulein Odalinde von Knüppelstein war nämlich stellvertretende Stellvertreterin des Abteilungsleiter der Handarbeitsabteilung des großen Kaufhauses Schmitz & Söhne GmbH & Co. KG.

Ihr Abteilungsleiter, Herr Billerbühl, hatte ihr nach 37jähriger Betriebszugehörigkeit die Verantwortung für die Unterabteilung „Stricktischdecken" übertragen.

Natürlich nicht einfach nur so!

Herr Billerbühl wusste wohl, dass Fräulein von Knüppelstein von Kindheit an im Verein „Strickender Jungfrauen" war.

Auch dort hatte sie es in nun 55jähriger Mitgliedschaft bis zur Stellvertreterin der Schriftführerin gebracht.

In punkto Stricktischdecken machte ihr so leicht keiner etwas vor!

Mit Ausnahme ihres Abteilungsleiters, Herr Billerbühl, denn der war ja nun auch ihr Chef.

Mit einem weiteren zärtlichen Blick über ihre wunderschönen, von ihren Eltern geerbten Eichenmöbel und einem Küsschen für Hansi ging sie zu ihrer Garderobe, setzte ihre echte Kaninchenfellmütze auf, zupfte ihr wollenes Kostüm zurecht und schlüpfte in ihren, auch noch von ihrer Mutter geerbten Kleppermantel.

Leise, damit ihr Nachbar, Herr Kommerzienrat von Tintenstift, nicht gestört wurde, schloss sie ihre Wohnungstür, was angesichts einer Doppeltür und vier Sicherheitsschlössern nicht so einfach war.

In der heutigen Zeit musste man nun mal auf Sicherheit achten.

Vorsichtig begann sie den Abstieg aus der achten Etage.

Auch in ihrem Alter betrachtete sie die einhundertsechzig Holzstufen nicht als eine Last, sondern als ein tägliches Training für ihre immer noch schlanke Figur.

Unten angekommen nahm sie das „Tägliche Tagesblatt" aus ihrem Briefkasten.

Nicht, dass sie die ganzen Berichte über Politik und Sport interessierten.

Nein, das „Tägliche Tagesblatt" hatte eine Rubrik unter dem Namen „Handarbeiten"!!

Als Stellvertreterin der Schriftführerin des Vereins „Strickender Jungfrauen" musste sie sich immer auf dem laufenden halten.

Man stelle sich vor, es würde eine neue Stricktechnik vorgestellt und sie, als stellvertretende Stellvertreterin des Abteilungsleiters der Handarbeitsabteilung des Kaufhauses Schmitz & Söhne GmbH & Co. KG, wäre über diese revolutionierende Neuigkeit nicht informiert!!!

Bei diesem Gedanken lief ein Schauer über den hageren Körper von Odalinde von Knüppelstein.

Das wäre ein Grund, ihrem jungfräulichen, streng katholischen Leben und dem Leben ihres gerade von Herrn Dr. Vogelkot wiederbelebten Wellensittich Hansilein ein Ende zu bereiten.

Nein, solchen Gedanken wollte sie sich nicht hingeben.

War sie doch auch zur Zeit damit beschäftigt, für das Erntedankfest der Gemeinde eine würdevolle Demonstration der „Strickenden Jungfrauen" vorzubereiten.

Eine Aufgabe, die man ihr nach 55jähriger Mitgliedschaft im Verein „Strickender Jungfrauen" zum erstenmal übertragen hatte.

Welch eine Verantwortung!

Stand man doch im Konkurrenzkampf zum Verein „Häkelnder nicht mehr Jungfrauen„.

Ein stiller aber erbarmungsloser Konkurrenzkampf.

Hatte die Konkurrenz doch in Vorjahr die Auszeichnung „Beste

Demonstration von Handarbeiten beim Erntedankfest der Gemeinde"
bekommen.

Das wollte der Verein „Strickender Jungfrauen" natürlich nicht kampflos
hinnehmen!

Bei der letzten Vorstandssitzung, dem sie als stellvertretende
Schriftführerin selbstverständlich angehörte, hatte man den Etat für das
Erntedankfest von EURO 132,80 im Vorjahr auf EURO 147,73 für dieses
Jahr aufgestockt.

Ein gigantisches Unterfangen.

Bei diesen Summen wurde es Fräulein von Knüppelstein ganz heiß unter
ihrem Kleppermantel.

Musste diese Summe doch so eingesetzt werden, dass der Verein
„Strickender Jungfrauen" dieses Jahr den ersten Platz vor dem Verein
„Häkelnder nicht mehr Jungfrauen" belegte.

Sollte es dieses Jahr nicht geschafft werden, hätte dies zur Folge, dass man
mit Sicherheit einen Misstrauensantrag stellen würde und der ganze
Vorstand zurücktreten müsste!

Um diesem Fiasko zu entgehen, hat Fräulein von Knüppelstein im
Vorstand einen, in der 70jährigen Vereinsgeschichte einmaligen und bis
dahin unvorstellbaren Antrag gestellt.

Sie hatte vorgeschlagen, ihren Nachbarn, Herrn Kommerzienrat von
Tintenstift, als Berater zu engagieren!

Einen MANN als Berater der „Strickenden Jungfrauen"!!!!!!!

Als sie diesen Antrag bei der letzten Vorstandssitzung stellte, gab es
tumultartige Szenen im Gemeindesaal.

Fräulein Hicküberstett verließ entrüstet und erhobenen Hauptes die
Sitzung.

Fräulein Blasenbalg fiel, kaum hatte Fräulein von Knüppelstein ihre
Gedanken ausgesprochen, in Ohnmacht und musste unter Zuhilfenahme
eines Riechfläschchens wiederbelebt werden.

Erst als die Vorstandsvorsitzende, Gräfin Freifrau von Reblaus, ein lautes
und energisches Machtwort sprach, konnte Fräulein von Knüppelstein das
Wort ergreifen.

Natürlich ist sie sich über die Tragweite des Vorschlags, einen MANN in
die Arbeit der „Strickenden Jungfrauen" mit einzubeziehen, im klaren.

Aber, 17 Jahre den zweiten Platz zu belegen ist eine Tatsache, der man ins Auge blicken müsste und die besondere Maßnahmen erfordere, auch wenn diese Maßnahmen an den Grundfesten der Satzung des Vereins rütteln würden.

Dass sie Angst hatte, ihren Posten als stellvertretende Schriftführerin zu verlieren, sagte sie natürlich nicht.

Auch als streng katholisch erzogene Jungfrau hatte man natürlich seine Geheimnisse.

Herr Kommerzienrat von Tintenstift sei ja auch nicht irgendwer.

Allein, dass er ein pensionierter Beamter wäre, spräche schon für ihn.

Was aber noch mehr für ein Engagement des Herrn Kommerzienrat zählte war die Tatsache, dass er in seiner Behörde vier Untergebene hatte und für die gesamte, sie wiederholte GESAMTE, Beschaffung des Büromaterials seiner Behörde zuständig war.

Mit anderen Worten: Dieser Mann MUSSTE ein Genie sein, was Strategie und Organisation betrifft.

Hinzuzufügen sei noch, dass seine Behörde ihn EINEN MONAT über sein Pensionsalter hinaus beschäftigt hat.

Bedarf es noch mehr Beweise, welch einen Fachberater man an der Angel hatte, um dieses Jahr den ersten Platz vor den „Häkelnden nicht mehr Jungfrauen" zu belegen?


Sie verschwieg natürlich, dass sie sich die Zusage von Herrn Kommerzienrat Tintenstift mit einigen selbstgebackenen Apfelkuchen und frisch gemahlenem und aufgebrühtem Kaffee erkauft hatte.

Das stand natürlich im Widerspruch zu ihrer streng katholischen Erziehung.

Aber was tut man nicht alles, um für seinen Verein den ersten Platz zu erkämpfen und sich den Posten der stellvertretenden Schriftführerin zu sichern.

Vielleicht, Gott verzeihe ihr diesen Gedanken, würde man sie ja mal zur ersten Vorsitzenden wählen, schließlich war Gräfin Freifrau von Reblaus im vorigen Monat 92 Jahre alt geworden.

Sie selber mit ihren 63 Jahren könnte dieses Amt dann vielleicht auch noch viele Jahre ausüben und die ein oder andere revolutionäre Änderung vornehmen.


Erst durch das Läuten der herannahenden Straßenbahn wurde ihr klar, daß sie ihren 47minütigen Weg zur Haltestelle mit den Gedanken an das bevorstehende Erntedankfest fast wie im Flug hinter sich gebracht hatte.

Ihren langen Kleppermantel hochraffend stieg sie in die Linie 12645 und fand endlich, nachdem sie durch alle 14 Wagen gelaufen war, einen freien Sitzplatz.

Dort legte sie ihren Kleppermantel ab und hängte ihn an einen freien Haken.

Ihre echte Kaninchenfellmütze musste sie leider aufbehalten, da der hierzu dienende Haken abgebrochen war.

Leicht schwitzend, aber Haltung bewahrend, strich sie ihr wollenes Kostüm glatt, setzte sich auf den freien Platz, nahm ihr „Tägliches Tageblatt" und schlug die Rubrik „Handarbeiten" auf.

Entsetzen machte sich in ihrem Gesicht breit!

Ausgerechnet in ihrer Lieblingsrubrik „Handarbeiten" las sie das Wort STRICKMASCHINE.....

Allein das Wort MASCHINE in ihrer Lieblingsrubrik „Handarbeiten".

Dies war ein Affront, nein schlimmer noch, es war eine Katastrophe.

Das war ja so, als würde man bei dem wöchentlichen Treffen der „Strickenden Jungfrauen„Alkohohl kredenzen.

Was nicht heißen soll, dass sie selber keinen Alkohohl trank.

Wenn sie vor einem der Sonntagnachmittage mit Herrn Kommerzienrat von Tintenstift, die ja nur dazu dienten, seinen Beistand für das Erntedankfest zu ERKÄMPFEN, mal ein kleines Gläschen Kirschlikör zur Beruhigung trank, so war das ihr Geheimnis und ging niemanden etwas an.

Wobei sie sich nicht ganz sicher war, ob die Vorstandsvorsitzende Gräfin Freifrau von Reblaus manchmal etwas nach Cognac roch.

Nun gut, es könnte ja auch ein neuartiges Mundwasser sein.

Sie will ja niemandem etwas unterstellen.

Das Wort STRICKMASCHINE aber lähmte ihren sonst so wachen Geist.

Ja hinderte sie geradezu daran, sich auf ihre verantwortungsvolle Tätigkeit als stellvertretende Stellvertreterin des Abteilungsleiters, Herrn Billerbühl, mit der Verantwortung für die Unterabteilung „Stricktischdecken" im Kaufhaus Schmitz & Söhne GmbH & Co. KG gedanklich vorzubereiten.

Nutzte sie doch normalerweise die 182minütige Straßenbahnfahrt zu ihrem Arbeitsplatz, um sich auch durch Lesen der Rubrik „Handarbeiten" im „Täglichen Tagesblatt" fachlich auf den neuesten Stand zu bringen.

Und nun diese Katastrophe!!

Sollte sie mit 63 Jahren noch um ihren Arbeitsplatz bangen müssen? Oder noch schlimmer, sollte es bedeuten, dass sie sich noch umschulen lassen muss?

Eigentlich war sie ja für die Unterabteilung „Stricktischdecken" zuständig und nicht für Strickwaren.

Aber man wusste ja nie.

Auf der anderen Seite stellte sich aber die Frage, welchen Einfluss die Publikation solcher, die Handarbeit vernichtende Maschinen auf den Verein „Strickender Jungfrauen" haben würde.

Eine außerordentliche Vorstandssitzung musste her!!!

Jetzt heißt es kühlen Kopf bewahren und ihr organisatorisches Talent unter Beweis zu stellen.

Das war die Gelegenheit, sich für das Amt der Vorsitzenden im Verein der „Strickenden Jungfrauen" beim eventuellen Ableben der Gräfin Freifrau von Reblaus zu empfehlen.

Gott möge ihr diese Gedanken verzeihen, aber niemand sei schließlich unsterblich.

Als erstes musste sie ihren Abteilungsleiter, Herrn Billerbühl, darum bitten, ihre Mittagspause von 23 Minuten auf mindesten 26 Minuten zu verlängern.

Dann hieße es, Gräfin Freifrau von Reblaus umgehend telefonisch zu informieren, las sie doch nicht das „Tägliche Tagesblatt" sondern nur das „Wöchentliche Wochenblatt„.

Sie konnte nur hoffen, dass die Vorsitzende der „Strickenden Jungfrauen" ihr Hörgerät eingeschaltet hat, denn sonst gab es keine Möglichkeit sie zu erreichen.

Wohnte sie doch cirka 132 Minuten Straßenbahnfahrt vom Kaufhaus Schmitz & Söhne GmbH & Co. KG entfernt.

Mittlerweile war ihre Straßenbahn an der Haltestelle vor dem Kaufhaus Schmitz & Söhne GmbH & Co. KG angekommen.

Normalerweise hätte sie ihren Kleppermantel schon eine Station vorher vom Haken genommen und angezogen.

Dieser, sie in ihren Grundfesten erschütternde Bericht über eine Strickmaschine hatte sie jedoch so in Panik versetzt, dass sie nur noch Zeit fand, ihren Kleppermantel vom Haken zu reißen und in eiliger Hatz aus der Straßenbahn zu stürzen.

Wobei das Wort stürzen sich leider als Tatsache bestätigte, da sie mit einer Dame, die in die Straßenbahn einsteigen wollte, kollidierte und über deren Dackel der Länge nach auf die Straße fiel.

Dass sie sich dabei ihre wollene Strumpfhose an den Knien aufriss, war für sie nicht weiter von Bedeutung.

Für sie gab es nur einen Gedanken: Strickmaschine, Verein „Strickender Jungfrauen" und außerordentliche Vorstandssitzung.

Was kümmerten in solch einer Situation schon ein paar Risse in einer wollenen Strumpfhose.

Im Kaufhaus Schmitz & Söhne GmbH & Co. KG angekommen ereilte sie gleich der nächste Schicksalsschlag.

Ihr Abteilungsleiter, Herr Billerbühl, hatte sich bei seinem Sohn, der die Röteln hatte, angesteckt und war nicht zum Dienst erschienen.

Das hieße, sie war als stellvertretende Stellvertreterin von Herrn Billerbühl unabkömmlich.

Keine Mittagspause, keine Möglichkeit, ihre Vorsitzende, Gräfin Freifrau von Reblaus, zu benachrichtigen, denn während der Arbeitszeit zu telefonieren war dem Personal streng untersagt.

An diesem Vormittag erlebten zufällig anwesende Kunden ein einmaliges Schauspiel.

Eine Angestellte des Kaufhauses Schmitz & Söhne GmbH & Co. KG rannte mit lauten, nicht zu verstehenden Worten durch das Kaufhaus ins Erdgeschoss, wo eine Präsentation der ersten Strickmaschine der Welt stattfand.

Schlug dort mit einem Herrenregenschirm, der einen massiv versilberten Griff hatte, auf die neue Strickmaschine ein.

Einer herbeieilenden Verkäuferin riss sie wie von Sinnen die Perücke vom Kopf und gab immer nur die Worte, STRICKMASCHINE, VOR-STANDSVORSITZENDE von sich.

Drei Männer vom Sicherheitsdienst waren nötig, um die wild um sich schlagende, mit Schaum vor dem Mund hysterisch schreiende Frau zu bewältigen.

Gestern, am Sonntagnachmittag, war Herr Kommerzienrat von Tintenstift zu Besuch bei Fräulein Odalinde Knüppelstein im Sanatorium „Nervenruh".

Ob sie ihn erkannt hat, vermag er nicht zu sagen.

Sie saß in ihrem gemütlichen, aber mit Gitterfenstern versehenen Zimmer, um sich herum Berge von Wolle und strahlte eine nicht zu erklärende Zufriedenheit und Ruhe aus.

Stricknadeln hatte man ihr aus Sicherheitsgründen nicht gegeben.

Auf dem Tisch lag ein Brief der neuen Vorsitzenden der „Strickenden Jungfrauen", Fräulein Hicküberstett, in dem man ihr freudig berichtete, dass man beim diesjährigen Erntedankfest der Gemeinde nach 17 Jahren die „Häkelnden nicht mehr Jungfrauen" auf den zweiten Platz verwiesen hätte.

Auf dem Brief saß ihr fröhlich piepender Wellensittich Hansilein.

# Henrietta von Regalis

# Henrietta von Regalis

Henrietta von Regalis.
Dieser Name stand für Regale durchwühlen und Regale verwüsten.
Henrietta von Regalis.
Dieser Name war wie ein Trompetensignal im Ohr einer jeden Verkäuferin.
Wenn Henrietta ein Kaufhaus betrat, wurde dies sofort von einem, an *jedem* Eingang postierten Wachmann per Funk an die Zentrale gemeldet.
Die Zentrale meldete dann über alle Hauslautsprecher: „4711 für alle".
Dies war natürlich ein Geheimcode.
Bei einer großen Personalbesprechung wurde dieser Code erklärt.
Wenn die Durchsage kam, sollte jeder Abteilungsleiter ein Riechfläschchen bereitstellen, für den mit Sicherheit eintretenden Fall einer Ohnmacht einer gestressten Verkäuferin.
Die Telefonnummer der Sanitätsstation war in übergroßen Zahlen über jedem Telefon angebracht.
Heute war so ein Tag.
Henrietta ging schon eine Stunde vor Öffnung des Warenhauses „Strümpelmann & Söhne" wie eine eingesperrte Raubkatze auf und ab.

Der Wachmann Willi Wachsam, der heute seinen ersten Arbeitstag im Warenhaus „Srümpelmann & Söhne" hatte, wurde beim Öffnen des Haupteingangs förmlich überrumpelt.
War er doch noch nicht darüber unterrichtet, dass für den Fall, dass Henrietta von Regalis vor der Türe stand, *beide* Flügel der Türe mit einem Ruck zu Öffnen seien.
Erst die eine Hälfte und dann die andere Hälfte zu Öffnen glich einem Anschlag aufs eigene Leben.
Henrietta wollte grundsätzlich *Punkt* neun Uhr das Warenhaus betreten.
Nicht erst, wenn das Personal umständlich beide Türen geöffnet hatte.

So fand sich Willi Wachsam plötzlich zwischen dem linken Türflügel und der Wand eingequetscht, und seine Nase nahm eine etwas breitere Form an.
Sofort versuchte er sich aus dieser misslichen Lage zu befreien, galt es doch, sofort die Zentrale zu alarmieren.
Bis er sich wieder sortiert hatte, waren wertvolle Sekunden vergangen.

Dem Abteilungsleiter „SOS" ( Schlips, Oberhemd, Socken ) Volkbert Büllerbeck bot sich eine nie dagewesene Situation.

Henrietta von Regalis im Warenhaus „Strümpelmann & Söhne" *ohne* Alarmmeldung!

Er wollte gerade das für Notfälle bereitgestellte Alphorn blasen, als die Durchsage „4711" kam.

Das Warenhaus „Strümpelmann & Söhne" war in Alarmbereitschaft!

In allen Abteilungen wurden die Befestigungsschrauben der Regale überprüft und nachgezogen.

Alle Telefone auf ihre Funktionstüchtigkeit überprüft.

Riechfläschen bereitgestellt.

Schwangere Verkäuferinnen in Pause geschickt.

Lehrlinge bekamen Sonderurlaub.

In den Räumen der Geschäftsleitung tagte der Krisenstab.

Die Telefonzentrale war angewiesen, alle über das Nottelefon eingehenden Meldungen sofort dem Krisenstab zu melden.

Dazu war zusätzlich ein Feldtelefon eingerichtet.

Herr Geschäftsführer Godehard Flimmerlein war schließlich Obergefreiter der Reserve!

Man war im Rahmen seiner Möglichkeiten auf Henrietta von Regalis vorbereitet!

Und die ging mit energischen Schritten auf die Abteilung Schminke, Parfüm und Wattestäbchen zu.

Dort wartete mit vor Aufregung klappernden Knien die Abteilungsleiterin Vroni Armanetti auf das Zusammentreffen mit Henrietta.

Sofort nach der Alarmmeldung hatte sie schon sämtliche Probeflaschen bereitstellen und ihr ganzes Personal wie bei einer Parade hinter der Theke Aufstellung nehmen lassen.

Dann hatte Henrietta von Regalis die Abteilung erreicht.

Mit einem scheinheiligen Lächeln fragte sie, *ob es etwas Neues im Bereich Parfüm gäbe?*

Das hieß nichts anderes, als dass Henrietta *sämtliche* Proben testen wollte.

Da Henrietta eine Dame von Welt war, trug sie ein hochgeschlossenes Lodenkostüm mit langem Rock.

Um die Proben zu testen, gab es außer ihren Händen keine weiteren freien Flächen, um das Parfüm aufzusprühen.

Hier war auch dem dümmsten Beobachter sofort klar, warum das Personal der Abteilung Schminke, Parfüm und Wattestäbchen in einer Reihe hinter der Theke Aufstellung nahm.

Nachdem Henrietta von Regalis ihre linke und rechte Hand besprüht und beschnuppert hatte, wurde jede Verkäuferin mit einer anderen Parfümprobe besprüht und von Henrietta beschnuppert.

Erst der Reihe nach die linke Hand und dann der Reihe nach die rechte Hand.

Sollten danach Proben noch nicht getestet sein, kamen erst die linke und dann die rechte Wange der Verkäuferinnen dran.

Danach folgte wie immer die verächtliche Aussage: Nichts für eine Dame *meines Standes*.

Es folgte der Abgang von Henrietta aus der Abteilung wie Queen Elisabeth beim Abnehmen einer Parade.

Während in der Abteilung Schminke, Parfüm und Wattestäbchen ein kollektives aufatmen zu spüren war, ging in allen anderen Abteilungen von „Strümpelmann & Söhne" das Zittern los.

Welche Abteilung würde als nächstes von Henrietta heimgesucht?

Den Bereich Buch, Bleistifte & Frauenzeitschriften strafte sie durch strenge Missachtung.

Fühlte sie sich doch durch den Abteilungsleiter Heino Brathering nicht genügend ihrem Stande entsprechend beachtet.

Der Abteilungsleiter Heino Brathering hatte sie vor einiger Zeit gefragt, als Henrietta mal wieder zwei Stunden in allen Frauenzeitschriften gelesen hatte, *ohne* eine davon käuflich zu erwerben, ob er ihr einen Stuhl bringen solle und darauf hingewiesen, dass man schon in fünf Stunden schließen würde.

*Und das einer Dame ihres Standes!*

Auf ihre Frage, wie denn sein Name sei, sie wollte sich selbstverständlich bei Herrn Flimmerlein beschweren, hatte er ihr ein donnerndes Brathering entgegen geschmettert.

Henrietta von Regalis und ein Brathering!

Sie hatte ja schon viele Bezeichnungen ihrer Person gehört.

Aber einen *Brathering* ließe sie sich nun wirklich nicht schimpfen!

Der Beschwerdebesuch bei Geschäftsführer Godehard Flimmerlein wurde für Henrietta zum Fiasko.

Der Abteilungsleiter von Buch, Bleistifte & Frauenzeitschriften hieß tatsächlich Heino Brathering.

Dass er einer *älteren* Dame einen Stuhl angeboten hat, könne man nur befürworten und als Pluspunkt in seine Personalakte aufnehmen.

Als Henrietta die Räume der Geschäftsleitung verließ, glich ihr Blutdruck einem pfeifenden Wasserkessel.

Der Abteilungsleiter Heino Brathering wurde drei Tage feiernd im „Weißen Bären" gesichtet.

Die Abteilung Buch, Bleistifte & Frauenzeitschriften war die Einzige, die *keine* Riechfläschen benötigte.

Unterdessen steuerte Henrietta von Regalis die Abteilung „Pelze & Popelin" an.

Die Abteilungsleiterin Wilma Hermelin hatte, wie alle anderen Abteilungen auch, ihre Erstverkäuferin auf einer Leiter postiert.

Zum Signalisieren hatte sie ein rotes und ein weißes Taschentuch.

Weiß bedeutete, Henrietta ignorierte ihre Abteilung.

Rot bedeutete Alarmstufe eins, Henrietta steuert auf unsere Abteilung zu.

Heute winkte die Erstverkäuferin Lisette Luchs mit dem roten Tuch!

Wilma Hermelin griff zu ihren Beruhigungspillen.

Mit einem Schluck Wasser spülte sie zweiundzwanzig Pillen herunter.

Nun war sie gewappnet.

Henrietta von Regalis betrat die Abteilung!

Die Erstverkäuferin Lisette Luchs schleppte mit gebeugtem Rücken einen schweren Ledersessel herbei.

Dieser wurde nebst einem kleinen Beistelltisch für Henrietta bereitgestellt.

Mit lautem Ächzen ließ sie sich in den Sessel fallen.

Dann teilte sie der Abteilungsleiterin Wilma Hermelin mit, dass sie sich *einige* Pelzmäntel ansehen möchte.

Das Wort *einige* löste sofort Alarmstimmung im gesamten Warenhaus Strümpelmann & Söhne aus.

*Einige!*

Das hieß, *alle* Pelzmäntel des Warenhauses Strümpelmann & Söhne.

*Einige!*

Das hieß, *alle* Pelzmäntel des Warenhauses Strümpelmann & Söhne in *allen* Größen!

Das Wort *einige* löste einen Grossalarm im Krisenstab der Geschäftsleitung aus.

Der Krisenstab wiederum löste einen Grossalarm in der Kantine aus.

Dort wurde sofort die Abteilung „Fit durch Vitamine für Dauereinsätze" aktiviert.

Die Bettenabteilung richtete sofort Schlafmöglichkeiten für erschöpfte Verkäuferinnen ein.

Die Sanitätsstation überprüfte die Sauerstoffgeräte und schaltete eine Sofortleitung zu allen Krankenhäusern der Stadt.

Die Telefonzentrale übernahm die Benachrichtigung aller Angehörigen der Abteilung „Pelze & Popelin".

Wann diese ihre Frau, Mann, Kinder, Mutter, Verlobte oder Freundin wiedersehen würden, dass wusste nur Henrietta von Regalis.

Die Polizei der Stadt sperrte alle Zugangsstraßen zu den umliegenden Krankenhäusern für den normalen Verkehr ab.

Die Bevölkerung von Oberstolzbach versammelte sich rechts und links der Straßen, um den tapferen Verkäuferinnen auf dem Weg ins Krankenhaus zu applaudieren.

Die Buchmacher nahmen Wetten entgegen, wie viele der Verkäuferinnen der Aktion „Einige Pelze" von Henrietta von Regalis in den nächsten Tagen zum Opfer fallen würden.

Einige Geschäftsleute richteten Würstchenstände ein, verkauften Kaffee und sonstige Getränke und vermieteten Schlafsäcke.

Mit anderen Worten, die ganze Stadt richtete sich auf einige Tage des Ausnahmezustands ein.

Man könnte fast sagen, es waren die „Henrietta von Regalis" Festspiele!

Gegen Mitternacht des ersten Tages ging ein Raunen durch die Stadt.

Der erste Krankenwagen fuhr mit Blaulicht und Sirene in Richtung „Strümpelmann & Söhne"!

Das erste Opfer war die Erstverkäuferin Lisa Luchs.

Ihre rechte Hand umklammerte immer noch das rote Tuch, mit dem sie die Ankunft von Henrietta in ihrer Abteilung ankündigte.

Ihre gesamte Familie war schon ins Krankenhaus „Zum heiligen Verkäufer" bestellt.

In der Abteilung „Pelz & Popelin" des Warenhauses „Strümpelmann & Söhne" tat sich zwischenzeitlich erstaunliches.

Henrietta von Regalis stand vor der neuen Verkäuferin der Abteilung „Pelze & Popelin".

Ihr Name war Walburga Breitschrank.

Wie ihr Name, so stand sie vor Henrietta von Regalis!

Bei Henrietta leuchteten sämtliche Warnblinker auf!

Eine innere Stimme sagte ihr, dass hier keine normale Verkäuferin vor ihr stand, sondern eine gestandene Gegnerin.

Aber als Dame ihres Standes ließ man sich nicht so leicht einschüchtern.

SOFORT diesen Mantel dort drüben holen, befahl sie Walburga Breitschrank.

Diese richtete sich kerzengerade zu ihrer Gesamthöhe von einmeterzweiundneunzig auf, stemmte beide Arme auf ihre Hüften und zischte Henrietta ein *„selbst holen"* entgegen.

SELBST HOLEN.

Diese Worte hatte Henrietta von Regalis zuletzt als Kind vernommen!

Selbst holen, zu einer Dame aus einem mehr als siebenhundertjährigen Adelsgeschlecht.

Verzweifelt versuchte sie aus dem Untersten ihrer Handtasche ein Fläschchen mit ihren Herztropfen zu finden.

Aber es blieb bei dem Versuch.

Henrietta sank langsam mit verdrehten Augen zwischen ein Regal mit Edelpelzen.

Was sich dann vor den Augen aller Beteiligten tat, war auch abends im Fernsehen, in der Tagesschau, zu sehen.

Walburga Breitschrank trug Henrietta von Regalis wie eine Trophäe, unter tosendem Beifall der vielen tausend Zuschauer auf den Straßen, in Richtung des Krankenhaus „Zum heiligen Verkäufer".

Dort wurde sie wie jeder *normale* Patient ärztlich versorgt.

Das Warenhaus „Strümpelmann & Söhne" konnte in den folgenden Wochen die Preise für ihre Waren um zwanzig Prozent senken.

Der Grund lag in den nicht mehr erforderlichen Sicherheitsmaßnahmen für das Personal, zum Schutz vor den Besuchen von Henrietta von Regalis.

# Hauptwachtmeister
# Adolf Habacht

# Hauptwachtmeister Adolf Habacht

Gesetz, Ordnung, Disziplin und unbedingter Gehorsam gegenüber seinen Vorgesetzten und seinem Landesvater.

Für all diese Begriffe stand in dem schönen Städtchen Hohentiefburg nur ein Name; Hauptwachtmeister Adolf Habacht.

Von stattlicher Gestalt, ein Meter zweiundneunzig und immer noch vollem Haar, was er leider unter seiner Uniformmütze verstecken musste.

Dass er an der Stelle des Körpers, wo andere eine Taille ihr eigen nannten, ein ballonartiges Gebilde unter seiner Uniformjacke mit sich herumtrug, war ein Thema, das man besser nicht mit ihm diskutierte.

Konnte er es doch, je nach Laune, als eine einfache Beamtenbeleidigung oder im schlimmsten Falle als schweren Landfriedensbruch ahnden.

Dass das in Gold blinkende Landessportabzeichen an seiner Brust aus dem Jahre neunzehnhundertzweiunddreißig stammte, nahm man am besten ohne jeglichen Kommentar einfach zur Kenntnis.

Der letzte unselig Unwissende, der sich einen Kommentar zum Alter der Auszeichnung leistete, sitzt seit zwei Jahren wegen schweren Landfriedensbruch im Gefängnis.

Seit drei Monaten zwar im offenen Vollzug, aber seine Haltung gegenüber Hauptwachtmeister Habacht erinnert sehr stark an einen depressiven Pinguin.

Auch der Reporter der *Hohentiefburger Stimme*, Gerd Zeile, mußte nach dem Versuch der Kritik an Herrn Hauptwachtmeister Adolf Habacht sofort seinen Schreibtisch räumen und sich eine neue Arbeit im benachbarten habachtfreien Ausland suchen.

Adolf Habacht war ein Kerl von echtem Schrot und Korn.

Nur seinen Vorgesetzten gegenüber war er zu einer leicht devoten Haltung bereit.

Leicht?

Anonyme Beobachter sollen, was die Haltung von Wachtmeister Habacht gegenüber Vorgesetzten betraf, allerdings andere Worte benützt haben.

Auch die Tatsache, dass er nicht direkt in Hohentiefburg wohnte sondern im benachbarten Tiefhohenburg hatte seinen, nicht allen bekannten Grund.

*Alwine Habacht!*

In Tiefhohenburg als personifizierter Hausdrachen bekannt.

Hier hatte Hauptwachtmeister Adolf Habacht *nichts* zu sagen.

Aber auch wirklich *gar nichts*.

Wenn man sein Verhalten gegenüber Vorgesetzten höflich als loyal bezeichnete, so konnte man sein Verhalten seiner *Mutti*, wie er sie respektvoll nannte, gegenüber nur als totale Unterwerfung bezeichnen.

Er selber nannte es Liebe.

Die Nachbarn, Familie Wandhörenwir, vernahmen jeden Tag durch die nicht sonderlich dicken Wände des öfteren eine zackiges *„jawohl Mutti".*

Treppe putzen, Kohlen holen, Fenster putzen, einkaufen mit abgezähltem Geld waren nur eine unvollständige Aufzählung der häuslichen Pflichten von Hauptwachtmeister Adolf Habacht.

Sein Taschengeld soll sich laut in Umlauf befindlichen Gerüchten auf zehn Euro die Woche belaufen.

Selbstverständlich inklusive Fahrgeld nach Hohentiefburg.

Dass er jeden Tag zu Fuß zu seiner Dienststelle ging, lief natürlich seinen Kollegen gegenüber unter dem Begriff - *tägliches Training* - eines dienstbeflissenen und auf seine Figur achtenden Polizisten.

Was schon mal ein leichtes Grinsen hinter vorgehaltener Hand bei seinen Kollegen verursachte.

Wenn Hauptwachtmeister Habacht die Dienststelle zu seinem Rundgang verlassen hatte, konnte aus diesem leichten Grinsen auch schon mal ein schallendes Gelächter entstehen.

Natürlich nur, wenn er die Dienststelle verlassen hatte, sei hier nochmals ausdrücklich betont.

Ansonsten begegnete man seinem Kollegen mit dem nötigen Respekt, wohlwissend, dass er in acht Monaten pensioniert würde.

Oder sollte man sagen, ihn einfach für den Rest seiner Dienstzeit gewähren ließ?

Obwohl Adolf Habacht, wie schon erwähnt, ein Kerl von echtem Schrot und Korn war, so gab es über seiner mächtigen Taille doch so etwas wie einen weichen Kern.

Natürlich in erster Linie, was ihn persönlich betraf, und so blieb ihm das Gelächter seiner Kollegen nicht so ganz verborgen.

Was wiederum zur Folge hatte, daß er der Bevölkerung von Hohentiefburg die ganze Härte des Gesetzes zu spüren gab.

Der ganzen?

Wenn man Hautwachtmeister Habacht diese Frage stellen würde, könnte man mit Sicherheit ein kurzes Zögern feststellen.

Dieses Zögern stellte sich bei seinen täglichen Rundgängen vor dem

Blumengeschäft von Fräulein Marianne Dotterblümchen als Gehbehinderung heraus.

Dass sein Rundgang immer zur gleichen Zeit begann und er immer zur gleichen Zeit vor dem Blumengeschäft von Fräulein Dotterblümchen auftauchte, war natürlich auch kein Zufall.

Es war natürlich auch kein Zufall, dass Fräulein Dotterblümchen immer just in diesem Moment vom Großmarkt kam und es eine Menge Ware vom Lieferwagen in den Laden zu tragen gab.

Als vorbildlicher Gesetzeshüter *musste* er natürlich Flagge zeigen, wie er es nannte, und ihr die schweren Blumentöpfe in den Laden tragen.

Dass *alles* schwer war, entging natürlich keinem der vielen unauffälligen Beobachter des morgendlichen Schauspiels.

Hauptwachtmeister Habacht fühlte sich ob seines ausgeschalteten Verstandes beim Anblick von Marianne Dotterblümchen völlig unbeobachtet.

Sobald er sich in einer Entfernung von einhundert Metern zum Blumengeschäft befand, setzte bei ihm alles aus.

Er sah nur noch Blumen, Lieferwagen, die *schweren* Blumentöpfe und die zarte Gestalt von Marianne Dotterblümchen.

Was die Zartheit anbetraf, so war der eine oder andere Betrachter angesichts von fünfundachtzig Kilo auf einhundertzweiundfünfzig Zentimeter verteilt schon mal anderer Meinung.

Behielt diese Meinung natürlich auch für sich, denn das wäre in den Augen von Hauptwachtmeister Habacht mindestens *schwerer* Landfriedensbruch.

Und wer wollte sich schon der Gefahr aussetzen, bis zum Ende seiner Tage den Hauptwachtmeister Habacht als unerbittlichen Feind zu haben.

Der Blutdruck von Adolf Habacht ging beim Anblick von seinem Dotterblümilein, wie er sie heimlich nannte, auf der nach oben offenen Blutdruckskala in Richtung Zugspitze.

Seine sonst so sportlich gut trainierten Beine, täglicher Fußmarsch zur Dienststelle, Kohlen hohlen, einkaufen und andere schöne Dinge des Lebens mit seiner Frau Alwine, fühlten sich an wie seine geliebten, immer in seiner Uniform befindlichen Gummidrops.

Sein Herz schwankte zwischen völliger Aufgabe und dem Aufheulen eines überdrehten Traktormotors.

Wenn er in diesem Zustand dann auch noch einen von diesen besonders schweren Blumentöpfen trug, konnte man seine Gesichtsfarbe schon mal mit der einer Aubergine verwechseln.

Heute war wieder einer dieser wunderschönen Tage, an denen alles wie zufällig zusammenpasste.

Der Zeitpunkt des Rundgangs und das Eintreffen von Hauptwachtmeister Habacht am Blumenladen.

Die Ankunft von Marianne Dotterblümchen mit ihrem Lieferwagen vor dem Blumenladen.

Der steigende Blutdruck von Hauptwachtmeister Habacht ins Unendliche auf der nach oben offenen Blutdruckskala nebst gummiartigen Beinen.

Und doch war heute etwas anders als sonst.

Just in dem Moment, als er einen dieser besonders schweren Blumentöpfe anhob, sah Hauptwachtmeister Adolf Habacht *seine Frau Alwine* mit ihren urtypischen weitausholenden rollenden Schritten auf das Blumengeschäft *seines* Dotterblümchens zustürzen.

War sie nur zufällig hier oder sollte vielleicht doch jemand etwas von seiner verborgenen zärtlichen Zuneigung gemerkt haben und es seiner Alwine gesteckt haben?

Automatisch ging seine rechte Hand dorthin, wo seine Dienstpistole saß und er spielte mit dem Gedanken, seinem Leben mit sofortiger Wirkung ein Ende zu bereiten.

Aber da war doch noch *sein* Dotterblümchen.

Er sah sie in seinen Gedanken, wie sie *hinter* seiner Frau seinen Sarg zu seiner Grabstätte begleitete.

Das konnte und wollte er auf keinen Fall zulassen.

Wie, um zu demonstrieren, nahm er erhobenen Hauptes zwei *besonders schwere* Blumentöpfe und versuchte sie in Richtung Blumenladen und Fräulein Dotterblümchen zu tragen.

Leider gab es auch in Hohentiefburg Bananenschalen.

Eine davon lag ausgerechnet vor dem Blumenladen von Marianne Dotterblümchen.

Genau darauf trat Hauptwachtmeister Habacht mit seinem linken Fuß, um dann mit einem Rechtsdrall und zwei Blumentöpfen im Arm in Richtung seiner Ehefrau Alwine Habacht zu driften.

Das die beiden Blumentöpfe ihm aus der Hand glitten und mit Schwung auf die etwas breiteren Füße seiner Ehefrau fielen, hatte fatale Folgen auf die Reaktion seiner Frau.

Dass sie gerade jetzt am Blumengeschäft von Fräulein Dotterblümchen vorbeikam, war *kein* Zufall.

Als sie ihren Adolf mit auberginenfarbenähnlichem Gesicht, zwei Blumentöpfe in der Hand auf sich zudriften sah, wußte sie, *das* war *kein* Zufall.

Sie nahm den von ihrem Mann Hauptwachtmeister Adolf Habacht auf ihren rechten etwas breiteren Fuß plazierten Blumentopf und plazierte denselben auf seinem Kopf.

Dies war normalerweise Beamtenbeleidigung, Widerstand gegen die Staatsgewalt und schwerer Landfriedensbruch in einem.

Da der Täter aber seine Frau Alwine war und Adolf Habacht im Koma lag, kam nur der Tatbestand eines Versehens in Frage.

Dass sie anschließend den auf ihren linken, etwas breiteren Fuß platzierten Blumentopf Fräulein Dotterblümchen an den Kopf warf, war reine Notwehr.

Drei Wochen später wurde Herr Oberhauptwachtmeister Adolf Habacht mit einem großen Zapfenstreich in den wohlverdienten vorzeitigen Ruhestand versetzt.

Gerüchten zufolge soll man Frau Alwine Habacht beim Kohlenholen und Einkaufen beobachtet haben.

Adolf Habacht soll zwar ohne Uniform, aber in bekannter stolzer Haltung die Tätigkeiten seiner Frau beaufsichtigen und jeden Tag frische Blumen im Blumenhaus Dotterblümchen einkaufen.

Bei der Redaktion der *Hohentiefburger Stimme* soll eine Bewerbung des alten Kollegen Gerd Zeile vorliegen.

# Frisör
# von der Welle

# Frisör von der Welle

Walter von der Welle hatte den ältesten Frisörsalon in der Stadt.

Walter war der älteste Frisör, hatte die älteste Frisörausstattung und die ältesten Kunden der Stadt.

Bei Walter von der Welle bekamen die Damen noch Dauerwellen nach Art des Hauses und die Herren wurden noch onduliert und rasiert.

Die Kopfwäsche bei den alten Damen wurde noch inklusive Kopfmassage von Herrn Walter persönlich durchgeführt, die Kopfwäsche bei den älteren Herren inklusive Kopfmassage wurde von seinen weiblichen Lehrlingen durchgeführt.

So hatte im Hause von der Welle jeder Kunde seine glücklichen Momente.

Im Frisörsalon von Walter wurde noch sehr viel Wert auf vernünftige Handarbeit und alte Traditionen gelegt.

Wer keine Zeit mitbrachte war hier völlig fehl am Platz.

Allein das Hochtreten der Frisörstühle mittels Pedale brauchte seine Zeit.

Das Wasser zur Haarwäsche wurde noch auf einem Kohleofen heiß gemacht und der jeweilige Lehrling im ersten Lehrjahr war für die richtige Temperatur verantwortlich.

Auch das Kohleholen war Aufgabe des Lehrlings und wehe, anschließend waren die Finger nicht sauber.

Heute war Großkampftag im Hause von der Welle.

Zwei Tage vor Weihnachten wollte jeder noch mal seinen Kopf verschönern lassen beziehungsweise das, was darauf war.

Alles was in der Stadt Rang und Namen hatte, war Heute und Morgen angemeldet.

Aus diesem Grunde ließ Walter von der Welle sein gesamtes Personal morgens antreten und gab bekannt, dass für die nächsten zwei Tage sämtliche Pausen gestrichen waren und die Besuche der Toilette seien auf das Minimum zu beschränken.

Das war jedes Jahr so im Frisörsalon von Walter von der Welle.

Ein besonders strenger Blick galt seinem ersten Gesellen Ludger Langbürste.

Dieser hatte besondere Schwierigkeiten, sich auf seine Arbeit im Damensalon zur konzentrieren, wenn im Herrensalon ein junger Mann eintrat.

Egal was er gerade machte, just in diesem Moment hatte er irgend etwas im Herrensalon vergessen und schwänzelte herüber, um bei dieser Gelegenheit diesen jungen Mann mit einem dahingehauchten „Hallöchen" zu begrüßen. Ihn dann wieder in den Damensalon zu bugsieren war meistens ein Unterfangen der nicht ganz einfachen Art.

Meistens musste Meister von der Welle ein lautes und langgezogenes „*Luuudgeeer*" von sich geben.

Wenn Ludger sich nicht ganz so streng beobachtet fühlte, ließ er dann noch schnell etwas fallen, damit er mit einem „*ach ich habe etwas verloren*" noch mal in den Herrensalon zurück konnte.

Wenn der jeweilige junge Mann womöglich auch noch schwarzgelockt war, gab es kaum noch ein Halten für Ludger.

Gut verstand sich Ludger mit seiner Kollegin Sissy Stielkamm.

Hatte sie doch auch eine Vorliebe für schwarzgelockte Jünglinge.

Sie war es auch, die Ludger ab und zu half, wenn sie beide zufällig zur gleichen Zeit der Blitz traf, sich mit seinen kleinen Tricks wieder in den Herrensalon zu schleichen.

Sissy hatte heute die Aufgabe, sich um die Frau Unternehmerin Gloria Geldschein zu kümmern.

Eine höchst unangenehme Kundin, die bei Betreten des Frisörsalons anfing zu reden und nicht mehr aufhörte, bis sie den Salon verlassen hatte.

Und das noch in einer Lautstärke, die zwei Häuser weiter im Laden des Schuhmachers Leonhard Leder zu hören war.

Für Leonhard hatte das den Vorteil, dass er über den neusten Tratsch nach jedem Besuch von Gloria Geldschein im Frisörsalon unterrichtet war.

Ein nicht zu verachtender Service, der ihn in die Lage versetzte, mit seinen Kundinnen einen regen Austausch von Informationen zu treiben und ihm den Ruf einbrachte, der beste Informant bezüglich diskreter Informationen zu sein.

Ein wahrer Umsatzsteigerungsfaktor.

Sein innerlicher Dank galt Frau Unternehmerin Gloria Geldschein und ihrem lauten Organ.

Auch heute machte er seine Türe weit auf, hatte er doch heimlich, wie immer, von Ludger Langbürste die tägliche Kundenliste des Salons von der Welle bekommen.

Das Ludger gelegentlich einen Rabatt bei Schuhreparaturen bekam, war von untergeordneter Wichtigkeit.

Er hatte schon Papier und Bleistift bereit liegen, um sich stichwortartige Notizen zu machen.

Durch ein lautes Knattern des alten Mercedes-Benz kündigte sich Frau Geldschein an und betrat mit einem donnernden „Guten Morgen meine Lieben" den Salon.

Sofort stürzte Walter von der Welle zur Begrüßung auf sie zu. Hinter ihm Sissy und hinter ihr der weibliche Lehrling Wiltrud Wasser, die heute für die Temperatur des Waschwassers zuständig war.

Nachdem Walter ihr aus dem voluminösen Mantel, sein Personal hätte darunter gemeinsam im Freien picknicken können, geholfen hatte, ließ sie sich mit lauten Ächzen und Stöhnen in den besonders stabilen, für solche Fälle bereiten Frisörstuhl fallen und hielt erst einmal, wie immer, einen Vortrag über das mal wieder zu schlechte Wetter.

Im Stillen dachte Sissy sich, dass bei ihrem Gewicht sehr wahrscheinlich jedes Wetter das falsche war.

Aber das waren nur Ihre Gedanken, die sie natürlich nicht aussprechen durfte.

Der einzige, der davon wusste, war ihr Busenfreund Ludger Langbürste.

Als nächstes verlangte sie nach ihrem Lieblingsblatt „Die Frau von Welt".

Und wie immer überzeugte sie alle Zweifler davon, dass sie wohl lesen *und* gleichzeitig reden konnte.

Eine Gabe, die nicht nur Frau Geldschein besaß, sondern eigentlich alle Kundinnen des Salons von der Welle.

Eine halbe Stunde später, Frau Geldschein entspannte sich noch mit wohligem Grunzen beim Haare waschen unter den geübten Händen von Walter von der Welle, kam eine leichte Unruhe im Salon auf.

Für neun Uhr dreißig hatten sich Herr und Frau Bürgermeister Amtsschimmel angesagt.

Das war auch für den Frisörsalon von Walter von der Welle ein nicht alltäglicher Vorgang.

Munkelte man doch in der Stadt, dass es um die Ehe der beiden nicht so gut stehe, weil der Herr Bürgermeister stets zu junge weibliche Büroangestellte hatte.

Die einen sagten, dass wäre Zufall, die anderen sagten, es wäre die nötige Abwechslung von seiner allgemein als fauchender Drachen bekannten Frau.

Zudem waren Frau Unternehmerin Geldschein und Frau Bürgermeisterin Amtsschimmel nicht unbedingt das, was man als Freundinnen bezeichnen konnte.

Es war sogar von einer gewissen Intimfeindschaft die Rede. Selbstverständlich alles nur hinter vorgehaltener Hand, aber durch den Schuhmacher Leonhard Leder bestätigt.

Und der war ja bekannterweise aufs beste informiert.

Die Feindschaft zwischen den beiden war quasi amtlich bestätigt.

Eine sehr heikle Situation für Walter von der Welle.

Aber er wäre nicht Walter von der Welle, würde er diese Situation nicht meistern.

Zuerst hatte er dafür gesorgt, dass die beiden Kontrahentinnen sieben Stühle auseinander saßen.

Zum anderen hatte er genau in die Mitte zwischen den beiden die Rentnerin Pia Paulus gesetzt.

Diese hatte, wie allgemein bekannt war, eine sehr schwache Lunge und musste durch zwei hohe Stellwände von der eventuellen Zugluft abgeschirmt werden.

Dadurch ergab sich automatisch eine Unterbrechung der möglichen Blickkontakte zwischen Frau Amtsschimmel und Frau Geldschein, und keine der beiden konnte auf die Idee kommen, man würde sie von der anderen abschirmen.

Ein diplomatischer Schachzug allererster Güte.

Geschäft war Geschäft und da hatten alle anderen Gefühle keinen Platz.

Besonders nicht für Ludger Langbürste, der die ehrenvolle Aufgabe hatte, sich besonders um Frau Bürgermeisterin zu kümmern.

Eine Aufgabe, die ihn den Schlaf der vergangenen Nacht gekostet hatte.

Ludger war nämlich besonders sensibel und vor großen Aufgaben mächtig aufgeregt.

Und das war so eine Aufgabe.

Sein Stress hatte schon morgens beim Ankleiden angefangen, wusste er doch nicht so richtig, was er am besten anziehen sollte.

Nachdem er seinen lila Schlüpfer und seine weißen Söckchen anhatte, stand er eine ganze Stunde vor seinem Kleiderschrank und probierte verschiedene Möglichkeiten durch, um sich letztlich für eine taubenblaue

Hose mit rosafarbenem Hemd und einer lindgrünen Krawatte zu entscheiden.

Eine wahrlich kluge Wahl, stand Frau Amtsschimmel bekannterweise auf Ostereierfarben, auch wenn es jetzt zwei Tage vor Weihnachten war.

Frau Geldschein war mehr für die kräftigen Farben und deshalb hatte sich Sissy Stielkamm für ein Kostüm in kräftigem Rot mit dunkelblauen Punkten entschieden.

Dazu trug sie ein knallgelbes Halstuch.

Sehr zur Freude von Frau Gloria Geldschein, und sie konnte sicher sein, dass man es am Ende am Trinkgeld spüren würde.

In dieser Hinsicht ließ sich die Frau Unternehmerin nicht lumpen und zeigte, dass sie ihren Namen zu recht trug.

Man wusste schließlich, was man seinem Stande schuldig war.


Vorne, im Herrensalon, war das wollüstige Stöhnen von Herrn Bürgermeister zu hören, der gerade die Kopfwäsche durch den weiblichen Lehrling Wiltrud Wasser genoss.

Zu Waschen gab es zwar angesichts der fast kompletten Glatze wenig, aber das war auch nicht so wichtig.

Hauptsache für ihn war die Tatsache, dass ein weibliches Wesen, das nicht seine Frau war, an seinen Kopf rumfummelte.

Und das genoss er sehr, wurde sein Stöhnen doch immer lauter und es entfuhr ihm ein leises *„ach wie schade"* als sie damit fertig war.

Laut durfte er es nicht sagen, saß doch einige Meter weiter seine Ehefrau.


Hinten im Damensalon lief Ludger Langbürste langsam zur Hochform auf und umschwirrte Frau Bürgermeisterin mit tänzelnden Schritten.

Schnitt hier ein bisschen, schnitt da ein bisschen, bis er feststellen musste, dass er ein bisschen zu viel geschnitten hatte.

Zum Glück war Frau Amtsschimmel sehr intensiv damit beschäftigt, den lauthalsen Ausführungen von Frau Geldschein zu lauschen, suchte sie doch nach einer passenden Gelegenheit, sich mit giftigen Bemerkungen einzuschalten.

Als Frau Geldschein sich dann ins Politische verstieg und ihren Unmut über die Führung der Stadt Luft machte, war es passiert.

Denn hier war man dabei, *ihren* Mann, den Bürgermeister Amtsschimmel, öffentlich anzugreifen.

Ohne darauf zu achten, dass Ludger gerade mit der Schere an ihren Haaren zu Gange war, griff sie einen Parfümflakon und schleuderte ihn in Richtung von Frau Unternehmerin Geldschein.

Dieser Flakon blieb natürlich an der Stellwand vor der Rentnerin Pia Paulus hängen, stürzte diese um, riss die zweite Stellwand mit und begrub Frau Paulus unter sich.

Die Tatsache, dass die arme Frau Paulus vor lauter Angst und Schrecken kaum noch Luft bekam, störte sie wenig.

Hauptsache, sie hatte freien Blickkontakt zu ihrer Intimfeindin.

Ob Frau Geldschein sich darüber im Klaren wäre, dass ihre Äußerungen den Tatbestand der Beleidigung einer öffentlichen Person erfülle, zischte sie ihr rüber.

Sissy wollte ihre Kundin noch darauf aufmerksam machen, dass sie unter der heißen Haube säße, aber dafür war es jetzt zu spät.

Frau Geldschein schoss unter ihrer Haube nach oben, ihre Haare standen sofort in Flammen und ihr Körper bekam bis zu den Zehenspitzen einen leichten Stromschlag.


Dies hatte zur Folge, dass Sissy Frau Geldschein das erste Mal in ihrem Leben wortlos erlebte.

Ihr Mund stand nur wie zu einem Schrei geformt offen, aber es kam kein Ton heraus.

Dieses konnte man am nächsten Tag auch in der Zeitung nachlesen.

Frau Bürgermeisterin hatte auf Grund der Tatsache, dass Ludger gerade mit der Schere zu Gange war, eine große kahle Stelle in ihren noch nicht fertigen Dauerwellen.

Die Rentnerin Pia Paulus rang mittlerweile immer mehr nach Luft und versuchte sich, unter den beiden Stellwänden begraben, irgendwie bemerkbar zu machen.

Es blieb allerdings bei dem Versuch.

Bei diesem Kampfgetümmel hatte sie nicht den Hauch einer Chance, sich irgendwie bemerkbar zu machen.

Frau Geldschein riss sich die Haube vom Kopf und fand ihre Sprache wieder.

Frau Bürgermeisterin entfloh der Schere von Ludger.

Beide Kontrahentinnen stürzten aufeinander zu und fielen mit lautem Geschrei über die beiden Stellwände, unter die Rentnerin Pia Paulus lag.

Der armen Frau blieb nun vollends die Luft weg und sie wurde langsam blau im Gesicht.

Walter von der Welle, Ludger Langbürste, Sissy Stielkamm, Wiltrud Wasser und der Bürgermeister Amtsschimmel fanden sich gemeinsam im Laden von Leonhard Leder wieder und warteten dort in sicherer Entfernung den Ausgang des Kampfes ab.

Der inzwischen von Herrn Leder bestellte Notarzt transportierte gerade die Rentnerin Pia Paulus ab.

Die Aufräumarbeiten im Salon von der Welle dauerten bis zum nächsten Tag.

Die Polizei machte zur Auflage, dass die beiden Kontrahentinnen nur noch an getrennten Tagen den Frisörsalon aufsuchen durften.

# Harry
# Flipper

# Harry Flipper

Harry Flipper war cool.

Einfach lässig und ganz furchtbar cool.

Mit rollenden wogendem Gang ging er durch *seine* Stadt in Richtung zu *seinem* Spielsalon.

Galt es doch heute, wieder mal gegen Knut Kugel zu beweisen, wer der coolste und beste Flipperspieler war.

Die nächsten zwei Wochen im Spielsalon waren durch einen gelben Schein seines Hausarztes Roland Rezept gesichert.

Auch die Art seiner Krankheit, eine nicht bettlägerige Bronchitis, sicherten sein berechtigtes Dasein in der Spielhalle „Zur lahmen Kugel".

Vor dem Spielsalon angekommen prüfte er den Sitz seiner gelgesteilten Frisur, zog den Kragen seiner Armani Jacke hoch und betrat, leicht in den Hüften swingend, den Raum.

Sein Mecki-Rasierwasser sorgte dafür, daß die Köpfe sämtlicher im Spielsalon anwesenden Mädels herumflogen und ihm mit schmachtenden Blicken hinterhersahen, wie er auf die Wechselkasse *zuzwingte*.

Dort holte er lässig seinen von der Bank auf einen Kleinkredit geliehenen Fünfhundertmarkschein aus seiner linken Hosentasche und schmiss ihn mit der Hand ganz cool dem Geldwechsler Henri Münze hin.

„Auf Kleinknicker wechseln Macker" befahl er ganz ruhig.

Henri, den auf Grund seines Jobs nichts mehr wunderte, blieb auch ganz ruhig und wechselte auf drei Blaue und eine Rolle Heiermänner.

Er hätte zwar gleich auf zweieinhalb Rollen Heiermänner wechseln können, aber man brauchte seine ihm bekannte Kundschaft ja nicht gleich vor den Kopf zu stoßen.

Dass er die restlichen drei Blauen auch noch wechseln mußte, war allerdings so sicher wie das berühmte Amen in der Kirche.

Als nächstes flog Knut Kugel in den Salon.

Wankend von einer Säule zur anderen, voll des guten Bieres, kämpfte er sich zu Henri Münze durch.

Bei ihm war es zwar nur ein Blauer der zu wechseln war, aber Henri wußte auch hier genauestens, dass er für Knut *nicht* noch mal wechseln mußte.

Wurde er doch von all seinen Gegnern unterschätzt.

Alle meinten, wer *so* betrunken ist könne nicht mehr spielen.

Wie gesagt dachten es alle, aber die Wirklichkeit sah auch hier ganz anders aus.

Danach ging Knut Kugel erst mal zum Getränkeautomat und zog zwei Dosen Pils, ohne auch nur eine der herumstehenden Mädels zu beachten.

Auch ein Geheimnis seines Erfolges?

Dann suchte er den herausfordernden Blick von Harry Flipper ohne zu bemerken, daß er vor einer Spiegelwand stand und dem Blick des Spiegelbildes von Harry standhielt.

Was ihm aber auch eigentlich egal war.

Hauptsache er sah Harry und seine geld- und spielgeilen Augen.

Ob im Spiegel oder direkt war ihm wirklich egal.

Hauptsache er konnte ihn und seinen blöden Blick sehen.

Danach ging er leicht wankend auf einen Geldspielautomaten zu, ohne Harry Flipper eines weiteren Blickes zu würdigen.

Dieser wiederum zitterte vor innerer Erregung, wollte sich aber nicht die Blöße geben, dass er darauf aus war, die vernichtende eins zu zehn Niederlage beim Billard vom letzten Abend wieder wettzumachen.

Nach außen hin mußte er wegen seines Images einfach den Coolen spielen.

Das Coole hatte ihm in seinem ganzen Leben immer zur Seite gestanden.

In der Schule hatte es ihn schon gar nicht interessiert, was seine Lehrer da vorne erzählten.

Viel lieber hatte er sich ab der ersten Klasse mit seinen Mitschülerinnen oder Mädels, wie er sie nannte, beschäftigt.

Dass er verschiedene Klassen gleich zweimal besuchen mußte war im eigentlich egal, stärkte jede Wiederholung doch seine körperlichen Vorteile gegenüber seinen Mitschülern und machte ihn für eine bestimmte Sorte von Mädels immer interessanter.

Besonders für die, die ihn regelmäßig bei seinen Klassenwiederholungen begleiteten.

Alles Mädels, die genau wie er Goethe für einen Spieler von Borussia Dortmund hielten und der Überzeugung waren, daß Italien ein Vorort von Afrika war.

Dafür kannten sie genau wie Harry die Öffnungszeiten sämtlicher Diskotheken in der Umgebung und konnten alle Kondommarken nach dem Alphabet aufsagen.

Dass man über die Schulzeit hinaus in Kontakt blieb verstand sich wie von selber.

Nach seinem Schulabgang aus der sechsten Klasse versuchte sich Harry als Stellvertreter eines stellvertretenden Gebäudereinigergehilfen, scheiterte aber daran, daß er die Fenster grundsätzlich nur von einer Seite putzte.

Und zwar nur von der Innenseite.

Die Außenseite zu Putzen, sagte er seinem Chef, sei ihm zu gefährlich und zu windig.

Den letzten Windzug, den er in dieser Firma verspürte, war jener der Türe, die sein Chef hinter ihm zuschlug.

Sein zweiter Versuch im Berufsleben war der eines Obstverkäufergehilfen.

Auch hier gab es nicht viel rühmliches zu berichten, hatte er doch auf Grund seiner beschränkten mathematischen Möglichkeiten die Ware nicht nach Gramm und Kilo berechnet, sondern einfach pro Tüte.

Mit dieser Regelung konnte und wollte sein Chef einfach nicht leben.

Sein nächster Versuch verschaffte ihm die Möglichkeit, seine Fähigkeiten als Bürobote unter Beweis zu stellen.

Hier hatte er wenigstens die Chance, seine umfangreiche Garderobe vorzuführen. Als er aber anfing die Etagen zu verwechseln und die Post in der Kantine statt im Sekretariat des Direktors abzugeben, bekam seine eventuelle Karriere einen empfindlichen Dämpfer.

Dann beschäftigte er sich eigentlich nur noch damit, den Büromädels hinterher und unter die Röcke zu gucken.

Seine erster Besuch im Chefbüro war dann gleichzeitig sein letzter offizieller Auftritt in diesem Unternehmen.

Dass er bei seinem Abschied der Sekretärin ganz lässig seinen Dienstausweis vor die Füße warf, war nur eine kleine Episode am Rande.

Dass sein Leben trotzdem noch in geordneten Bahnen verlief, hatte er einem sehr aufmerksamen Beamten des Postministeriums zu verdanken. Denn als dieser Beamte, Regierungsoberamtmann Tristan Gelb, die Bewerbung von Harry Flipper auf den Tisch bekam, wußte er sofort; *solche Menschen braucht das Land* und besonders das Postministerium. Waren doch solche Menschen wie Harry die Garanten dafür, daß sich niemals ungesunde Hektik in der Behörde breitmachen würde.

Auch war gewährleistet, daß die Krankenstatistik nicht durch ein plötzliches Absinken, hervorgerufen durch besonders diensteifrige neue Beamte, die Vorgesetzten auf den Gedanken bringen würde, man sei eventuell überbesetzt.

Dies waren die entscheidenden Kriterien bei der Einstellung neuer Bewerber.

Und nicht etwa so Dinge wie gute Zeugnisse und einwandfreier Leumund.

Solche Leute sollten sich gefälligst im Justizministerium bewerben, dort galt noch Recht und Ordnung.

Jeder, der diese Gedanken in das Postministerium tragen wollte, fiel schon beim ersten Gespräch durch und wurde als nicht den Postanforderungen entsprechend abgeschoben.

Alle mit dem Hinweis, dass es noch so viele Ministerien gäbe und in jedem Ministerium waren die Anforderungsprofile anders.

Mal schwerer, mal leichter, aber alle mit einem Regierungsoberamtmann an der Spitze.

Im Postministerium war die Spitze Regierungsoberamtmann Tristan Gelb.

Und der käme niemals auf die Idee, sich revolutionäre Veränderungen in Form übereifriger und pflichtbewußter Neulinge in seine Behörde zu holen. Das wäre der Untergang des Postministeriums.

Und so ist eben Harry Flipper zu seinem lebensfüllenden Job gekommen.

Harry wurde im Ministerium zum obersten Schwammbefeuchter erkoren. Jeden Morgen mußte er durch alle Büros gehen und dafür Sorge tragen, daß alle Schwämme auf den Schreibtischen den richtigen Feuchtigkeitsgrad hatten.

Nicht zu nass und nicht zu trocken.

Eine Arbeit, die sehr viel Fingerspitzengefühl und sehr viel Gefühl für die verschiedenen Feuchtigkeitsgrade erforderte.

Man hatte Harry Flipper auch nicht einfach so seine Aufgabe übertragen.

Er mußte drei Monate das postinterne Institut für Schwammfeuchtigkeit besuchen, um sich für seine verantwortungsvolle Tätigkeit vorzubereiten.

Aufgrund seines coolen Desinteresses eine nicht ganz einfache Aufgabe.

Das einzige Fachgebiet, das Harry interessierte, war die genaue Beschreibung der Frage, was mache ich wenn ich krank bin?

Dieses Fach war auch Grundlage eines klaren Verständnisses zwischen seinem Hausarzt Roland Rezeptus und ihm.

Eine der wichtigsten Grundlagen überhaupt im Leben von Harry Flipper.

Von seiner monatlichen Gehaltsüberweisung natürlich abgesehen.

War sie doch für seine Auftritte im Spielsalon wichtig.

Seine Mädels ließ man in seinen Kreisen selber zahlen oder ließ sich sogar bei seinem Bekanntheitsgrad noch aushalten.

Aber wie gesagt, dass galt nur bei so bekannten Typen wie Harry nun mal einer war.

Heute galt es, sein gestern etwas leicht lädiertes Image wieder aufzupolieren.

Und das ging nur durch einen klaren Zehnsatzsieg über seinen Kontrahenten Knut Kugel.

Und dieser schien ihm heute durch seinen Bierkonsum eventuell schlagbar zu sein.

Knut schien heute aber wenig Interesse zu haben, sich mit Harry am Flipper zu messen.

Hatte er doch gerade, zum Ärgernis von Harry, eine hunderter Serie am Automaten geholt.

Da Harry nicht nachstehen wollte bediente er den Automaten neben Knut.

Er warf einen Heiermann nach dem anderen hinein, ohne auch nur den Hauch einer Gewinnserie zu sehen.

Nach einer Stunde ging er zu Henri Münze, um seine restlichen drei Blauen auch noch in Heiermänner zu wechseln.

Dieser wechselte mit einem scheinheiligen „Viel Glück".

Nachdem er weitere zwanzig Heiermänner in den Automaten geschmissen hatte, wechselte er das Gerät.

Natürlich geschah auch das ganz cool.

Kaum hatte er den einen Automaten verlassen, ging Knut Kugel an dieses Gerät, warf einen Heiermann hinein und holte eine Serie mit einhundert Freispielen.

Innerlich brach für Harry Flipper eine Welt zusammen.

Äußerlich ließ er sich selbstverständlich nichts anmerken, sondern ging erst mal zum Getränkeautomaten und zog sich zwei Dosen Pils.

Dann beauftragte er Rosi Aufdichwartich damit, für ihn nebenan am Kiosk einen Flachmann Klaren zu besorgen.

Nachdem er diesen auf der Toilette getrunken hatte, Schnaps war eigentlich in der Spielhalle verboten, fühlte er sich schon etwas besser.

Beim nächsten Automaten hatte er nicht viel mehr Glück, und nach einem weiteren Flachmann schien er zu erkennen, an welchem Automaten er spielen mußte um zu gewinnen.

Also wechselte er wieder.

Auch hier erschien Knut wieder, schmiß einen Heiermann in den gerade von Harry verlassenen Automaten und holte eine Serie mit einhundertfünfzig Freispielen.

Harry zerplatze innerlich und beauftragte Rosi Aufdichwartich diesmal, einen ganzen Liter Korn zu besorgen.

Diesen trank er nicht auf der Toilette, sondern vor den Augen von Henri Münze, der ihn zwar verwarnte, aber angesichts der guten Umsätze durch Harry bereit war, ein Auge zuzudrücken.

Die Taschen von Knut Kugel füllten sich und wurden ihm langsam zu schwer, so daß er unter den Augen von Harry vierhundert Mark in Scheine tauschen ließ.

Für Harry brach nun innerlich vollends eine Welt zusammen und äußerlich flossen Tränen der Wut über sein Gesicht.

In diesem Moment trat Knut auf ihn zu und forderte ihn zum Billard!!!

Harry nahm den letzten Rest aus seiner Flasche Klaren und versuchte sich zu erinnern, wie denn die Regeln beim Billardspiel waren.

Über diesen Gedanken kippte er mitsamt seinem Billardstock nach vornüber auf den Billardtisch und schlief ein.

Rosi Aufdichwartich wartet noch drei Stunden bis Harry einigermaßen wieder laufen konnte und schleppte ihn dann nach Hause.

Wartete doch am nächsten Tag ein verantwortungsvoller Job auf ihn.

# Felix Fango

# Felix Fango

Felix Fango ist Masseur.

Aber nicht irgendein Masseur!

Felix ist Chef des Massageinstituts „ars movendi"!

Chef über ein Heer von Masseusen und Masseuren.

Herrscher über Hektolitern von Massageöl und Tonnen von Frotteehandtüchern.

Herr über unzählige Massagetische und sonstigen Foltergeräten.

Heiß geliebt von seinen weiblichen Kundinnen, geschätzt von seinen männlichen Kunden.

Mit anderen Worten,

*Der Gott in seinem Massageinstitut!!!*

Dass seine Frau zu Hause die Regierungsgewalt hatte, war ein von ihm sorgsam gehütetes Geheimnis.

Jeden Morgen, nachdem er seiner Frau Tamara Fango das Frühstück gemacht und ihr alle neuen Tageszeitungen am Zeitungskiosk gekauft hatte, kam SEIN Auftritt in SEINEM Massageinstitut!

Die Türe aufschliessen oder gar klingeln war selbstverständlich unter seiner Würde.

Wie immer um Punkt 7.42 Uhr standen die Masseuse Xaveria Frottee und der Lehrling Jonathan Fichtennadel in kerzengerader Körperhaltung am Eingang SEINES Massageinstitutes.

Xaveria hielt den linken Türflügel und Jonathan den rechten Türflügel auf.

Den Blick devot auf den Boden gerichtet.

Eine Verwechselung kam in den Augen von Felix Fango einem Verstoss gegen die Genfer Menschenrechtskonvention gleich.

Verstösse wurden auch im Massageinstitut „ars movendi" in einer öffentlichen Verhandlung geahndet.

Das Strafmass reichte von einer Woche Toiletten putzen bis zu der Höchststrafe von einem Monat Dienst im Hause Fango unter der strengen Aufsicht von Tamara Fango.

Nach dem DURCHSCHREITEN von Felix Fango durch die grosse Eingangspforte um Punkt 7.42 Uhr, ein anderer Zeitpunkt konnte nur durch eine defekte Uhr entstehen, nahm Felix die morgendliche Personalparade ab.

PERSONALPARADE!!!!

Dieses Wort stand für Disziplin, Ordnung und Sauberkeit!

Hier wurde das äussere Erscheinungsbild der Angestellten des Massage-institut „ars movendi" überprüft.

Alle Angestellten mussten vor Arbeitsbeginn unter die Dusche und anschliessend durch eine Desinfektionsschleuse.

Selbstverständlich waren täglich frische Wäsche aus der hauseigenen Wäschekammer Pflicht.

Haarspray, Rasierwasser, Parfüm und sonstige Düfte waren streng untersagt.

Schliesslich war man ein Massageinstitut und kein MASSAGESALON!

Der Besuch solcher SALONS war nur Herrn Fango gestattet und auch der besuchte diese nur zu rein *informatorischen Zwecken*.

Natürlich ohne Wissen seiner Tamara!

Aber diese Besuche MUSSTEN sein.

Wie sonst sollte er seinen Angestellten den Unterschied zwischen einem Massagesalon und SEINEM Massageinstitut erkären?

Ein Masseur von Welt musste wissen, worüber er in seinen wöchentlichen Firmenseminaren sprach.

Bei seiner heutigen Personalparade zuckte er bei seinem an siebenundvier-zigster Stelle stehenden Hilfsmasseur Wendolin Wade zusammen.

Hier gab es einen Geruch der NICHT hierhin gehörte!!!

Die Witterung aufnehmend befahl er ihm, seine Füße hochzuheben.

Doch hier war geruchsmässig alles in Ordnung.

Dann nahmen seine geschärften Geruchssinne einen leichten Pfefferminz-geruch war.

Mit einem Schlag war ihm klar, welches Vergehen sich ihm darstellte.

„MUND AUF" donnerte er dem armen Wendelin entgegen.

Und sofort strömte ihm ein intensiver Pfefferminzgeruch entgegen.

Dass Wendolin Wade versuchte, seinen Kaugummi unter seiner Zunge zu verstecken, war natürlich nur ein kläglicher Versuch, einer Verhandlung vor dem Firmentribunal zu entgehen.

Mittels einer von seiner Sekretärin Paula Merkbuch bereitgestellten Pinzette wurde der Kaugummi aus dem Mund von Wendolin Wade entfernt.

Dann wurde er in den Personalraum geschickt, um ihm die Gelegenheit zu geben, seine Verteidigung vor dem Firmentribunal vorzubereiten.

Das Tribunal wurde auf zwanzig Uhr terminiert.

Für den Fall, dass die Plädoyers der Anklage und der Verteidigung zu lange dauerten, standen für alle Angestellten Feldbetten zur Verfügung.

Denn eines war klar:

Das Tribunal fand vor ALLEN Mitarbeitern statt!!!

Eventuelle Krankenfälle wurden eigens per Krankenwagen von zu Hause oder aus dem Krankenhaus herbeigeholt und mussten notfalls liegend an der Verhandlung teilnehmen.

Zu seiner Freude konnte Felix Fango feststellen, dass der Kaugummi unter der Zunge von Wendolin Wade heute der einzige Verstoss gegen die Firmengesetze war.

Er hatte sein Personal im Griff!!

Man konnte also um Punkt 8.00 Uhr den Massagebetrieb aufnehmen.

Um 7.59 Uhr wurden die Pforten des Massagesalons „ars movendi" geöffnet.

Der Begriff TERMIN war im Hause von Felix Fango verpönt.

Die Firmenphilosophie hiess „WER ZUERST KOMMT, WIRD ZUERST BEARBEITET".

Was sich vor 8.00 Uhr auf der Strasse vor dem Hause zutrug, übersah man grundsätzlich.

Übernachtungen auf der Strasse von arbeitslosen Massagewilligen waren normal.

Hatten sie doch festgestellt, das es sich lohnte, die vorderen Positionen an gestresste Börsenmakler gegen eine sogenannte *Übernachtungspauschale* meistbietend zu versteigern.

Wobei Angebote von sogenannten Vorzugsaktien grundsätzlich abgelehnt wurden.

Hier, vor den Pforten des Massageinstitutes „ars movendi " zählte nur bares!

Euro oder Dollar.

Sonst nichts!

Bei schlechten Witterungsverhältnissen kamen natürlich noch Regen, Schnee oder Frostzulagen hinzu.

Da konnten sich die Kosten für die ersten fünf Plätze schon um die einhundert Euro bewegen.

Für den Fall, dass sich kein Bieter fand, hatte man immer ein Rezept für Massagen in der Tasche und liess sich zur Not auch selber massieren.

Aber dieser Notfall trat äusserst selten ein, lag doch das Massageinstitut von Felix Fango in unmittelbarer Umgebung von tausend Büros mit abertausenden gestressten Managern.

Dass das nahegelegene Büromöbelhaus „Tische & Stühle" Bürosessel verkaufte die garantiert Muskelverspannungen erzeugten, an deren Entwicklung Felix Fango beteiligt war, galt als bösartiges Gerücht.

Nun gut, dass sich der Inhaber von „Tische & Stühle" Ansbert Stellschrank und Felix Fango jedes Jahr im Urlaub auf Sylt trafen, war purer Zufall und nur durch die Urlaubsplanung der Ehefrauen herbeigeführt.

Heute konnte Felix Fango wieder seinen wohlgefälligen Blick über die Heerscharen von Rückengeplagten und gestressten Menschen schweifen lassen. Die Neuheit aus dem Hause „Tische & Stühle" schien ein voller Erfolg zu werden!! Die Einteilung zu den Masseusen und Masseuren im Hause Fango war denkbar einfach und genial.

Montags wurden nur Rücken massiert.

Dienstags wurden nur Arme und Beine massiert.

Mittwochs war kollektive Krankengymnastik in der großen Halle angesagt.

Dafür benötigte Felix Fango nur einen Vorturner, er selber konnte in der Zeit dem restlichen Personal Unterricht erteilen.

Da ging es dann um so wichtige Themen wie Abschmettern von Patientenbeschwerden, Strafgelder für extrem nervige Patienten und Erhöhung der Trinkgelder.

Donnerstag war Streckbanktag für Querulanten.

Auch das war einfach, wurden sie doch nur für zwanzig Minuten an den Haken gehängt.

Dafür gab es eine elektronische Vorrichtung, die alle zwanzig Minuten eine komplette Reihe von fünfzig Patienten abkippte und fünfzig neue an den Haken nahm.

Dabei machten schon mal Bemerkungen wie *Schlachthofbedingungen* die Runde, aber das interessierte keinen.

Der Freitag war für Privatpatienten ab 200 Euro aufwärts pro Behandlung. 200 Euro war der Preis für eine Behandlung durch einen Auszubilden.

Die Behandlungen durch eine Masseuse oder einen Masseur im ersten Berufsjahr war natürlich teurer.

Und mit jedem Berufsjahr wurde es noch teurer.

Eine Behandlung durch Herrn Felix Fango persönlich war nur den Damen der höheren Gesellschaft vorbehalten, für deren Ehemänner oder sonstige Mäzene eine schwere Belastung für deren Konto.

Nicht selten wurden solche Behandlungen durch langfristige Geldanlagen und Kredite abgesichert.

Denn das Privileg einer Behandlung durch Herrn Felix Fango persönlich galt in den höheren Gesellschaftskreisen mehr als eine Einladung zum Bundespresseball oder einer Verleihung des Bundesverdienstkreuzes am Bande.

Einem bekannten Zeitungsreporter hatte man bei seinen Recherchen unter vorgehaltener Hand verraten, dass selbst die Ehefrau des Herrn Bürgermeister Constantin Korruptus, Frau Zilla Korruptus, sich die Dienste durch Felix Fango nur durch hohe Bestechungsgelder an Paula Merkbuch sicherte.

Was diese natürlich vehement abstritt!

Warum sie sich einen Porsche Targa leisten konnte, bleibt trotzdem ihr Geheimnis.

Der Urlaub im Ferienhaus der Korruptus kam nur zustande, weil sich bei der Ahnenforschung herausgestellt hatte, dass die Familien Merkbuch und Korruptus im neunten Jahrhundert gemeinsam dem Frankenherzog Konrad I. gedient hatten.

So etwas verbindet nun mal.

Dass dieses dienen sich auf das Hüten der Rindviecher von Konrad I. beschränkte, war nun auch wieder eines der bestgehüteten Geheimnisse der Familien Merkbuch und Korruptus.

Auch am heutigen Tag hatte sich Frau Bürgermeisterin Zilla Korruptus wieder die Dienste durch Herrn Felix Fango mit einer „Spende" für die gemeinsame Ahnenforschung der beiden Familien erworben.

Mit watschelndem Gang schleppte sie ihre zarten 122 Kilogramm die zweihundert Meter von der Rezeption bis zu den Behandlungsräumen für Privatpatienten von Felix Fango.

Dort liess er sie erst mal dreissig Minuten alleine, wusste er doch, dass sie genau diese Zeit benötigte, um sich ihres überdimensionalen Korsetts zu entledigen.

Dann liess er den Behandlungstisch auf eine Höhe von zwanzig

Zentimetern herab, damit sich Frau Bürgermeisterin darauf wälzen konnte. Sein Hilfsmasseur Wendolin Wade hatte mittlerweile den Behandlungsraum betreten, um ihm zu assistieren und war dabei, alle Massageöle und sonstigen Zutaten bereitzustellen.

Der Behandlungstisch war inzwischen auf eine normale Höhe hochgefahren worden.

Dem Umfang von Frau Bürgermeisterin entsprechend waren alle Zutaten natürlich in großen Eimern abgefüllt.

Dann war es soweit!!!

„Das Massageöl" befahl Felix Fango seinem Hilfsmasseur Wendolin Wade und hielt seine Hände wie ein Chirurg vor dem Überstreifen seiner Operationshandschuhe in die Höhe.

Der folgende, durch die ganze Stadt zu hörende markerschütternde Schrei von Frau Bürgermeisterin Zilla Korruptus beendete die Existenz des Massageinstitut „ars movendi ".

Die Recherchen des von Herrn Bürgermeister Korruptus eingesetzten Untersuchungsausschuss ergab folgendes:
Der Hilfsmasseur Wendolin Wade hatte unter dem Eindruck des bevorstehenden Firmentribunals wegen seines Kaugummivergehens die Türen der Magazinräume „Medizinische Pflegemittel" und des „Säuremagazin" vertauscht.
Und so kam es, dass er nach dem Befehl seines Chefs Felix Fango „Massageöl marsch" statt eines zarten Lavendelmassageöls die Säure zur Beseitigung von schweren Rostschäden an älteren Behandlungsgeräten auf den breiten walfischartigen Rücken der Frau Bürgermeisterin gegossen hatte.
Zilla Korruptus liegt immer noch in einer Spezialklinik für flächendeckende Hauttransplantationen.
Felix Fango hat sich mit seiner Frau einen langersehnten Traum erfüllt. Er genießt das einfache Leben mit den Eingeborenen im Urwald von Papaneuguinea.
Der Hilfsmasseur Wendolin Wade versucht sein Glück als Goldgräber in den kanadischen Wäldern.
Paula Merkbuch hat nach ihren Aussagen im Untersuchungsausschuss, geprägt von familiärer Verbundenheit, einen Posten im Rathaus als Leiterin des neu geschaffenen Referats „Öle und Menschen".

# Der Hausdrachen

# Der Hausdrachen

Viele Häuser in der Stadt hatten einen Wachhund.

Das Haus Nummer 13 in der Hauptstraße von Kleintüllenschöndorf hatte keinen Hund.

In diesem Haus wohnte in Parterre links Meta Guckraus.

Zwei ihrer Fenster lagen zur Straße raus. Das eine Fenster war mit wunderschönen Blumen geschmückt, das andere Fenster war vollkommen blumenfrei, und außer den sehr sauberen Gardinen gab es in diesem Fenster nur zwei Kissen.

Die eine Hälfte des Fensters stand grundsätzlich auf und die Gardinen waren aufgezogen.

Wie gesagt, in diesem Haus gab es keinen Wachhund, dafür aber Meta Guckraus.

Die zwei Kissen auf der Fensterbank dienten dazu, die massigen Arme von Frau Meta Guckraus abzustützen und abzupolstern.

Die Wohnung von Frau Guckraus diente in erster Linie als Beobachtungsposten für das Geschehen im und vor dem Haus.

Bei immerhin sechzehn Mietparteien gab es einiges zu beobachten und zu überwachen.

Nach dem Tode ihres Mannes Heinrich Guckraus hat sie sich diese Tätigkeit nun vollends zur Lebensaufgabe gemacht.

Was nicht heißen soll, dass es zu Lebzeiten ihres Mannes anders war.

Auch wurde im Hausflur leise darüber spekuliert, dass der Tod von Heinrich Guckraus eben mit dieser Leidenschaft seiner Frau und seinem fehlenden Lebenssinn in Verbindung stehen sollte.

Aber es war natürlich nur eine Vermutung, und es offen auszusprechen wagte beim Angesicht von Meta Guckraus sowieso niemand.

Morgen musste sie schon um sieben Uhr ihren Beobachtungsposten im Fenster einnehmen, sollte doch tatsächlich zu so früher Stunde der Möbelwagen der neuen Mieter der fünften Etage, Familie Lautsindwir, eintreffen.

Dem Ganzen war natürlich mit *äußerster* Skepsis zu begegnen, bestand die Familie doch aus insgesamt sechs Personen.

Da sie für das Anbringen der Namensschilder zuständig war, hatte sie schon ihre Vorinformationen die besagten, dass diese Familie aus dem

Vater Roderich, der Mutter Melitta, den Kindern Pauline, Paul und Peppo, dem Großvater Theophil und dem Kater Heinrich dem Fünften bestand.

Das ließ in ihren Auge sowieso einiges an Unruhe und noch mehr an Beobachtungspotenzial erwarten.

Was die Unruhe betraf gab es in letzter Zeit einiges in Haus Nr. 13 zu bemängeln.

Besonders zu schaffen machte ihr Konrad Korn.

Ein normalerweise lieber Mensch, aber da er zu sehr den etwas schärferen Getränken zusprach, hatte er hin und wieder Koordinierungsprobleme.

Sie musste dann ihren Beobachtungsposten am Fenster verlassen und Herrn Konrad, der versuchte mit seinem Hausschlüssel die Türe der Hausnummer 12 auf der anderen Straßenseite zu öffnen, über die Straße bugsieren und ihn noch bis zur zweiten Etage begleiten, um ihm die Wohnungstüre aufzuschließen.

Dass sie bei dieser Gelegenheit gleich einen Kontrollgang durch seine Wohnung machte war selbstverständlich, ging aber von ihrer kostbaren Zeit am Beobachtungsposten verloren.

In arge Bedrängnis brachte sie Konrad Korn immer dann, wenn er zur gleichen Zeit die Haustüre von Nummer 12 zu öffnen versuchte und ihre Nachbarin von der vierten Etage, Frau Isolde Ichweißnichts, vom Einkaufen kam.

Das war meistens der Moment, wo Meta Guckraus versuchte, die sonst so verschlossene Frau mittels einem unverfänglichen Gespräch aus der Reserve zu locken.

Bestanden doch bei ihr erhebliche Informationslücken, die Meta Guckraus schon manch schlaflose Nacht bereitet hatten.

Ein wahrer Glückstag bahnte sich immer dann an, wenn Frau Ichweißnichts kurz vor ihrem Anstieg zur vierten Etage feststellte, dass sie etwas vergessen hatte und ihre Einkaufstasche bei Meta Guckraus zur Aufbewahrung abstellte.

Was taten sich da für Möglichkeiten auf!

Natürlich ging sie mit äußerster Gewissenhaftigkeit zu Werke, wenn sie die Einkaufstasche ausräumte.

Auf einer Liste vermerkte sie *genau*, was wo in der Tasche seinen Platz hatte.

Ließen sich doch vielleicht aus dem, was Frau Ichweißnichts einkaufte, Schlüsse über ihr Wesen ziehen.

Ein Tag wie Weihnachten war, wenn in der Einkaufstasche noch geöffnete Briefe waren.

Es war selbstverständlich, dass sie über deren Inhalt mit niemanden sprach.

Ausgenommen mit ihrer Vertrauten aus dem Hause Nummer 13, Frau Liesbeth Allesweißich.

Aber, und das sei hier noch mal ausdrücklich vermerkt, das war wirklich die *Einzige.*

In ganz, ganz seltenen Ausnahmen könnte es mal passieren, dass in einem lockeren Gespräch mit Frau Wilhelmine Ichweißauchwas aus dem Haus Nummer 15 ein paar Informationen die Seiten wechselten.

Alles natürlich unter dem Siegel des *streng vertraulichen.*

Woher die fast gesamte Straße wusste, dass Frau Ichweißnicht eine kleine Erbschaft antreten sollte, war auch ihr vollkommen unverständlich.

Hatte sie außer mit Frau Ichweißalles sonst mit keinem Menschen auf dieser Welt gesprochen.

Aber vielleicht hatte ja Frau Ichweißnichts selber darüber gesprochen.

Eventuell sogar mit diesem Trunkenbold Konrad Korn?

Das war allerdings nicht ihr Problem, wenn sie ihren Mund nicht halten konnte.

Sie jedenfalls würde wie immer schweigen wie ein Grab.

Eigentlich hatte sie vor, morgen am Einzugstag der Familie Lautsindwir, ihre Freundinnen Liesbeth und Wilhelmine schon zum Frühstück einzuladen.

Hatte dann aber überlegt, dass ihr Fenster für drei Personen keinen Platz bot.

Und am anderen Fenster würde sie auf gar keinen Fall ihre Pflanzen räumen.

Eine Möglichkeit war, dass man sich wie zufällig nach dem Brötchenholen vor dem Haus traf.

Auf der anderen Seite sollte sie, nur um die Neugierde ihrer Freundinnen zu befriedigen, *ihren* bequemen Beobachtungsposten aufgeben?

Die Entscheidung über das ganze Problem würde sie am besten morgen früh beim Eintreffen des Möbelwagens fällen.

Es wird keine leichte Entscheidung werden, aber der Beobachtungsposten mit seinen beiden gut gepolsterten Kissen ließ nicht viele Möglichkeiten offen.

Man würde sehen.

Am nächsten Morgen, um sieben Uhr in der Frühe, traf man sich doch wie zufällig nach dem Brötchenholen vor der Haustüre des Hauses Nummer 13.

Meta Guckraus hatte sich zu dieser Strategie entschlossen, um sich mit

ihren beiden Freundinnen Lisbeth und Wilhelmine nicht zu überwerfen.
Denn eins war ihr klar, bei dem knappen Platz an ihrem Fenster würde sie
sich unweigerlich eine ihrer Freundinnen zur Feindin machen.

Das konnte sie sich auf gar keinen Fall leisten, würde dann doch eine der
beiden wichtigen Informationsquellen versiegen.

Und das konnte man sich nun wirklich nicht leisten.

Stand doch ihr Ruf, dass man nach Gesprächen mit ihr keine Zeitung mehr
lesen musste, auf dem Spiel.

Auch bestand die Gefahr, dass sie bei ewig nicht befriedigter Neugierde
gesundheitlichen Schaden nehmen würde.

Mittlerweile war es schon sieben Uhr dreißig und man hatte die
Problematik von drei verschiedenen Familien besprochen, aber es war
immer noch kein Möbelwagen da.

Der Kaffeedurst wurde schier unermesslich.

Aber man konnte es selbstverständlich nicht riskieren, die Ankunft des
Möbelwagens zu verpassen.

Um sieben Uhr fünfundvierzig ging die Haustür auf und heraus kam
Konrad Korn.

Mit noch sehr verquollenen Augen und ungekämmt, aber mit einem unge-
heuren Durst.

Die drei Informationsquellen der Hauptstraße von Kleintüllenschöndorf
schauten sich kurz an und waren auch ohne Worte sofort einer Meinung.

Herr Konrad Korn wurde beauftragt, sich auf Kosten der Drei eine Flasche
Schnaps zu kaufen.

Mit diesem Reiseproviant sollte er sich an den Anfang der Straße zu stellen
und durch ein unauffälliges Heben des rechten Beins signalisieren, wenn
der Möbelwagen der Familie Lautsindwir anrollen würde.

Das würde den drei Damen die Möglichkeit geben, in die Wohnung von
Meta Guckraus zu gehen und den lebenswichtigen Kaffee aufzuschütten
und zu trinken.

Denn ohne Kaffee hatte man kaum eine Chance, den ganzen Umzug mit
wachen Augen durchzustehen.

Liesbeth Allesweißich wurde am Fenster postiert, um den Sichtkontakt zu
Herrn Korn aufrecht zu erhalten, während die beiden anderen Kaffee
kochten und Brötchen schmierten.

Beides nicht zu knapp, musste man sich doch auf einen langen Tag
einrichten.

Gegen elf Uhr hatte man sich mehrfach am Fenster abgewechselt und wechselweise Kaffee getrunken und Brötchen gegessen, aber der Möbelwagen war immer noch nicht da.

Die ganze Angelegenheit warf natürlich ein ganz schlechtes Licht auf die Familie Lautsindwir und man war sich darüber einig, *diese Familie* vorläufig völlig zu ignorieren und nicht zu grüßen.

Um zwölf Uhr dreißig sah man die vereinbarten Signale vom Anfang der Straße durch Herrn Konrad Korn und stürzte sofort auf die Straße.

Auch wenn dabei die Kaffeekanne zersprang und die Brötchen auf den Boden fielen - *Es war endlich so weit* -.

Auf der Straße wartete man noch zehn Minuten, aber es kam kein Möbelwagen.

Meta Guckraus war die Erste die erkannte, dass Herr Korn kein Signal gegeben hatte.

Er war schlicht und ergreifend stockbetrunken und hatte seinen Körper, insbesondere seine Beine, nicht mehr unter Kontrolle.

Der Hass auf die Familie Lautsindwir stieg ins Unermessliche.

Als dann noch Rauch aus Metas Wohnung quoll, weil sie in der Eile vergessen hatte, den Wasserkessel vom Ofen zu nehmen, war allen Beteiligten klar:

Diese Familie würde man bis zum Ende seiner Tage ignorieren.

Der Brand wurde eigenhändig und fachgerecht gelöscht und man begab sich wieder auf die Straße, um den Möbelwagen, der ja jeden Moment um die Ecke biegen müsste, zu empfangen und sich weiter seinem Hass hinzugeben und diesen noch zu steigern.

Plötzlich hielt ein Personenwagen vor dem Haus Nummer 13 und ihm entstieg ein sehr netter gepflegter Herr mittleren Alters.

Mit zielstrebigem Schritt ging er auf die drei wichtigsten Informationsquellen der Hauptstraße von Kleintüllenschöndorf zu, stellte sich als Roderich Lautsindwir vor.

Er fragte, welche der lieblichen älteren Damen Frau Meta Guckraus sei.

Als Meta sich mit leicht puterrotem Kopf zu erkennen gab, teilte er ihr mit, dass er Sperrschilder für den *nächsten* Tag aufstellen wolle, damit morgen, am Umzugstag, auch genügend Platz für den Möbelwagen vorhanden wäre.

Stellte die Schilder auf, verabschiedete sich mit einer kleinen leichten Verbeugung in Richtung der Damen, und fuhr davon.

Der Hass von Meta Guckraus auf die Familie Lautsindwir war mit Worten nicht mehr zu beschreiben. Aus sehr zuverlässiger Quelle war zu erfahren, dass man sie des öfteren in demselben Zustand antraf wie Herrn Konrad Korn.

# John Daun

# John Daun

John Daun war Broker.

Broker, dynamisch, gut gekleidet, kurze Haare und breite Hosenträger.

Ein Handy am Ohr und ein Ersatzhandy in der Innentasche seines schwarzen Leihanzugs.

Wallstreet-Online, Financial Times und Express unter den Arm geklemmt.

Die Stirn in Falten, einen wichtigen, ernsten Blick ging er mit schnellen Schritten über die KÖ.

Die Königsallee in Düsseldorf.

Das Zentrum für Dax, Down Jones, fallende Dinge und steigende Dinge.

Das Zentrum der wichtigsten Menschen.

Menschen wie DU und Ich nicht.

Menschen mit teurer Kleidung, Rollex und leerer Geldbörse.

Und mitten drin John Daun.

Herr über einen Schreibtisch, einen Stuhl, ein Telefon und einen Papierkorb.

Außerdem hatte er einen frei Blick auf das zwanzig Meter entfernte, auf dem Schreibtisch seines Chefs stehende Börsensystem Bloomberg.

Erkennen konnte er zwar nichts, aber allein der *freie* Blick aufs Bloomberg gab im das Gefühl, die Geschicke der Wall Street mit zu beeinflussen.

Zwar hielt er S & P für eine Supermarktkette, Stop-Loss-Order für ein Verkehrsschild, den Dax für eine nordamerikanische Bärenart und Spekulation für Gebäck zu Advent.

Aber er konnte das Telefon bedienen!

Die Telefonnummer seiner Freundin und alle wichtigen 0190er Nummern kannte er sogar auswendig.

Er wusste, wann die Mittagspause begann und wann Feierabend war.

Mit anderen Worten: Er stand am Anfang einer steilen Karriere.

Sein Name in einem Atemzug mit Andre Kostolany.

Sein Porsche im Parkhaus der Kö-Passage.

Sein Barhocker in den Pilsstuben mit uneingeschränktem Kredit.

Vielleicht nur noch *zehn* Meter vom Bloomberg entfernt.

Dieser Traum sollte sich seiner Meinung nach schnellstens verwirklichen.

Heute Morgen hat ihn schon die Putzfrau mit seinem Namen angesprochen!

Wenn das kein Beweis seiner beginnenden Wichtigkeit war!

Auch durfte er mittlerweile nicht nur den Kaffee für seinen Chef Ignaz Money holen, er durfte nach bestandener Probezeit von sechs Monaten auch die Milch und den Zucker einrühren.

Wieder eine Stufe auf seiner Karriereleiter.

Natürlich gab es einige Dinge, die ihn noch verwirrten.

Da waren zum Beispiel die vielen verschiedenen Uhren im Brokerhaus Prudena Beta mit völlig verschiedenen Uhrzeiten.

Heute Morgen hatte er auf dem Weg zur Arbeit genauestens alle Uhren auf der Kö beobachtet und mit seiner Breitling-Imitation verglichen.

Die Zeiten stimmten genau überein!

Warum dann aber die verschiedenen Zeiten der Uhren im großen Saal von Prudena Beta?

Die verschiedenen Städtenamen, die unter den Uhren standen, hatten seiner Meinung nach nur etwas mit Herkunft der jeweiligen Uhr zu tun.

Er vermutete, dass sein Chef Ignaz Money diese Uhren von seinen vielen Reisen ins Ausland mitgebracht hatte.

Aber hier auf der Kö müssten die Uhren doch eigentlich alle gleich gehen.

Beim nächsten Meeting würde er das Thema mal zur Sprache bringen.

Allein um zu zeigen, dass er das Zeug zu einem zukünftigen Wallstreet-Broker hat.

Beim letzten Meeting hatte er schon mal angeregt, die Papierkörbe in der gleichen Farbe wie die Schreibtische anzuschaffen.

Danach machten Worte wie Organisationstalent, Mann der Zukunft und ähnliches die Runde.

Das wiederum veranlasste ihn, mittels eines Kleinkredits die gesamte Belegschaft von Prudena Beta in die Pilsstube einzuladen.

Dass er dabei das Geld für seine Fahrkarte gleich mit verjubelt hat, ging natürlich niemanden etwas an.

Zum Glück fuhr in seine Mutter jeden Morgen mit ihrem Mercedes bis ins Parkhaus Schauspielhaus, aus dem er dann mit dem Ersatzschlüssel in der Hand in Richtung Kö ging.

Den Ersatzschlüssel mit dem Mercedes-Emblem ließ er natürlich zufällig gut sichtbar auf seinem Schreibtisch liegen.

Wenn er dann, gut hörbar für alle, mit der Mercedes – Niederlassung einen Termin zum Einbau einer neuen Stereoanlage vereinbarte, ahnte natürlich niemand, dass er die Zeitansage gewählt hatte.

Aber wie gesagt, das Telefon konnte er meisterlich bedienen.

Heute sollte er endlich in das eigentliche Brokergeschäft einsteigen.

Sein Chef hatte ihm den Auftrag gegeben, sich ein Buch des Hoppenstedt-Verlags zu nehmen und aus diesem natürlich nur wichtige Personen anzurufen.

Unter wichtig verstand er natürlich nur Personen ab Direktor aufwärts.

Es waren sowieso seine zukünftigen Gesprächspartner.

Mit Kleinanlegern würde er sich erst gar nicht abgeben.

Das überließ er der Deutschen Bank oder sonstigen kleinen Instituten.

Er würde nur über Millionen sprechen und denken.

Etwas irritiert war er dann doch, als er Herrn Direktor Grosspfennig von Grosspfennig & Söhne anbot, im Tom Jones zu investieren und dieser ihm einfach den Hörer auflegte.

Hatte er doch kurz vorher im Express gelesen, dass im Tom Jones viel Bewegung wäre.

Und Bewegung, dass wusste er vom Sport, war auf jeden Fall etwas Gutes.

Vielleicht sollte er bei seinem Fachwissen doch nur mit Vorstandsmitgliedern sprechen.

Als ihm sein Chef mal den Rat gab, bei den älteren und erfahrenen Kollegen zuzuhören, hat er diesen Rat zwar befolgt, aber festgestellt, dass die Kollegen wirklich älter waren, aber auf gar keinen Fall erfahren.

Sollte er wirklich wie seine Kollegen über Kurssteigerungen von *einem achtel* Dollar sprechen?

Nein!

Für ihn war klar, er würde nur über Millionen sprechen und in Millionen denken.

Davon bringt ihn niemand ab.

Auch sein Chef Ignaz Money nicht!

Dieser sprach auch von lächerlichen 10 Dollar im Zusammenhang mit Optionen.

10 Dollar waren für ihn einfach zu kleine Beträge und außerdem wollte er nichts mit Rauschgift zu tun haben.

Man sollte ihn ja nicht für dumm halten.

Ahnte er doch, dass Optionen nur ein verschlüsseltes Wort für Opium sein konnte.

Mit ihm nicht!

Vielleicht sollte er seinen Chef mal im Auge behalten.

Das Aufdecken eines Rauschgifthandels an den Internationalen Börsen würde ihn natürlich mit einem Ruck an die Spitze des Brokerhauses Prudena Beta befördern.

John Daun Vorstandsmitglied von Prudena Beta!!

Er sollte sich schon mal um einen Entwurf für eine standesgemäße Visitenkarte kümmern.

Prudena Beta war bekannt für schnelle Personalentscheidungen.

Und Visitenkarten waren ungeheuer wichtig.

Das hatte er gemerkt, als er seine selbstgemachten Visitenkarten mit dem Text: John Daun Account Manager Prudena Beta verteilte.

Sofort sprach ihn der Filialleiter seiner Bank, Herr Eugen Soll, an und bat ihn um einen Tipp zum Aktienkauf.

Zum Glück fragte er nicht, was Account Manager bedeutete.

Denn das wusste John Daun auch nicht.

Er hatte es jedoch auf den Visitenkarten seiner Kollegen gelesen und meinte, dass ihm der Titel auch zustand.

Bei seiner Bank hatte er verlauten lassen, dass er sein Konto aus steuerlichen Gründen im Minus lassen müsse.

Außerdem habe er sein Hauptkonto in den USA und würde seine Gelder dort auch aus rein steuerlichen Gründen erst mal ruhen lassen.

Seinen Kleinkredit hatte er auch nur aus steuertaktischen Gründen beantragt.

Sein Girokonto wäre nur Spielerei.

Dass es wichtig war, *vor* der Aufnahme seiner Tätigkeit an der Wall Street ein Konto in den USA zu haben, war auch dem Filialleiter klar.

Einen Aktientipp zu geben lehnte er natürlich entrüstet ab mit dem Hinweis, er würde doch nicht durch Weitergabe von Insiderwissen seine Karriere aufs Spiel setzen.

Auch das verstand der Filialleiter Herr Soll.

Aus Ehrfurcht vor solch einer Berufsauffassung lud ihn Herr Soll zum Mittagessen am Sonntag in sein Haus ein.

Beiläufig erwähnte er die Existenz einer fünfunddreißigjährigen Tochter, die leider noch zu Hause lebe, aber schon seit langen davon träumte, in die USA zu gehen.

Man könne sich ja schon mal erkundigen, ob in New York die Stelle einer Wurstwarenverkäuferin frei wäre.

Gehörte nicht zu der Position eines Wall Street – Managers auch ein geordnetes Privatleben?

Herr Eugen Soll war sich sicher, es gehörte dazu.

Vorsichtshalber hatte er seiner Frau Lucia berichtet, dass er heute etwas später käme, weil es um die Zukunft ihrer Tochter Oktavia ging.

Der Versuch, seine Tochter bei John Daun anzupreisen, dauerte bis in die frühen Morgenstunden.

Leider hatten beide ungefähr dreißig mal mit einem Chantré auf Bruderschaft angestoßen.

Und dreißig mal mit einem Bier den schlechten Geschmack des Chantré heruntergespült.

Herr Soll hatte fürsorglich für den nächsten Tag frei genommen und konnte unbeschwert seinen Rausch ausschlafen.

John Daun nahm am nächsten Tag den RICHTIGEN Wagenschlüssel vom Mercedes seiner Mutter.

Irgendwie hatte ihm der Chantré das Gefühl gegeben, er hätte einen Führerschein.

Ohne jegliche Fahrkenntnisse aber mit dem Gefühl des Chantrés fuhr er mit dem Wagen seiner Mutter in Richtung Königsallee.

Nach ungefähr zweiunddreißig Feindberührungen mit anderen Autos setzte er seinen Wagen rückwärts ins Kö–Center Parkhaus.

Dann warf er seinem Chef Ignaz Money, den er dort traf, seinen Wagenschlüssel mit den Worten „einparken" zu.

Im Büro angekommen verwechselte er Herrn Tietmeyer mit dem Chef einer Orangensaftmarke und schlief in einer Entfernung von zwanzig Metern vom Bloomberg entfernt auf seinem Schreibtisch ein.

Statt an der Wall Street kocht er jetzt Kaffee für seinen Chef, einer Pizzeria in der Wallstraße.

# Hartlieb
# Baumstumpf

# Hartlieb Baumstumpf

Er war grün.

Grün vom Scheitel bis zur Sohle.

Grün im Herzen.

Nur Blau war er meistens nach Dienstschluss.

Das ist Revieroberförster Hartlieb Baumstumpf.

Der Herrscher über hunderte von Rehen, Hirschen, Hasen, Wildschweinen und allem möglichen sonstigen Getier.

Er war der Stolz aller Wälder zwischen Niederwackeloberndorf, Niederwackelmittendorf und Niederwackelunterndorf.

Er kannte jeden Baum, jeden Strauch und was wichtig war, jeden Baumstumpf.

Dass die Tiere in begrüßten, wenn er morgens in den Wald kam, war für Hartlieb Baumstumpf eine nicht zu bestreitende Tatsache.

Die einen durch Grunzen, die einen durch Röhren, die anderen durch Quaken, aber sie grüßten ihn alle.

Ein Leben führte er, wie es schöner nicht sein konnte.

So wie er es sich schon in frühester Kindheit erträumt hatte.

Denn da hatte er mehr mit Tieren gespielt und war durch den Wald gelaufen als er gelernt hatte.


Dass er trotz seiner beschränkten geistigen Möglichkeiten die Schule und das Studium geschafft hatte, war den unendlichen Beziehungen und dem unendlichen Bankkonto seiner Eltern Anastasia und Paul Baumstumpf zu verdanken.

Sie waren schon sehr früh der Meinung, dass ihr Sohn im Wald am wenigsten Schaden bei seinen Mitmenschen anrichten konnte, wurde er doch in der Schule von seinen Mitschülern bereits als Sonderling betrachtet.

In guter Erinnerung ist noch der Bericht des Turnlehrers Volker Reckstange, der seinen Eltern berichtete, dass ihr Sohn statt über die Laufbahn zu spurten in einen Fuchsbau kroch, weil er diesen erforschen wollte.

Mit vereinten Kräften zog man Hartlieb, der bis zur Hüfte im Fuchsbau steckte, wieder heraus.

Diese Situation war ein Fingerzeig des Himmels und so war Hartlieb Baumstumpf Förster geworden.

Ein guter Förster, wie alle seine Tiere zu berichten wissen.

Ein Trottel von Förster, wie alle Wilddiebe zu berichten wissen.

Hatte Förster Baumstumpf doch so manchen Rehbraten im Gasthaus „Zum lustigen Wilddieb" und am Stammtisch „Volle Weinamphore" aus seinen eigenen Beständen gegessen, ohne es allerdings zu ahnen.

Sehr zur Belustigung des Wirtes Hennes Schanktisch und aller Gäste.

Jeder wußte um die Herkunft des Fleisches, nur Hartlieb nicht.

Auf jeden Fall wurden die Abende mit einem Wildessen immer zu besonders lustigen Festen.

Natürlich nur, wenn der Revieroberförster Baumstumpf dabei war.

Ganz besonders zur Sache ging es auch, wenn Hausarzt Pille und Amtsarzt Gesundbistdu dabei waren und man mehr als zehn Viertele getrunken hatte.

Heute ging Hartlieb auf Spurensuche, hatte er doch seit einiger Zeit seinen Lieblingsplatzhirsch Conny Zwölfender, wie er ihn nannte, nicht gesehen.

Conny war der älteste Hirsch am Platze und ihn verband eine besonders innige Freundschaft zu Hartlieb. Eben wie alte Freunde, die sich besonders lange kennen und so manch brunftige Kuh erlebt haben.

*Echte Männerfreundschaft.*

Hartlieb hatte mindestens fünf Tage keine Spur von Conny gesehen und langsam fing er an sich Sorgen zu machen.

Fehlte ihm doch auch das Zwiegespräch mit Conny.

Gerade wo es heute so viel zu erzählen gab.

Zum Beispiel von dem Zwischenfall mit Flavius Senkfuß und Frau Gemeinderätin Wichtig.

Aber es war kein Conny zu sehen.

Auch Harry Keiler, der Dienstälteste Wildeber im Revier, war ihm noch nicht zu Gesicht gekommen.

Milli Wildtussi, seine Wildschweinehefrau, war in einiger Entfernung an ihm vorbeigedonnert und ihr aufgeregtes Grunzen ließ auf einige Unruhe im Revier von Hartlieb Baumstumpf schließen.

Was aber war wirklich los in seinem Revier?

Sollte es etwas geben, das ihm, dem Revieroberförster, entgangen war?

Während er so vor sich hingrübelte, lief noch der Hase Winfried Mohrrübe an ihm vorbei.

147

Auch in sonst nicht üblicher Hast.

Winfried brauchte bei Hartlieb nie in Eile zu sein, da dieser grundsätzlich nie auf seine Tiere schoss.

Selbst dann wenn es galt, ein krankes Tier von seinen Leiden zu befreien, forderte er aus dem Nachbarrevier den Förstergehilfen Xaver Patrone an, der für ihn den erlösenden Schuß auslöste.

Hartlieb war eben ein Tierfreund durch und durch.

Sehr zum Ärger seiner Vorgesetzten, die ihn aber so akzeptierten, kannte man doch seine unendlich guten Beziehungen und sein unendliches Konto.

Was ihm etwas komisch vorkam war die Tatsache, daß es in seinem Wald Autospuren gab, aber da er einfach zu einfältig war Personenwagenspuren von Traktorspuren zu unterscheiden, glaubte er nach einigen Überlegungen Traktorspuren der Waldarbeiter vor sich zu sehen.

Als aber die Bache Milli Wildtussi ruhigen Schrittes wieder zurückkam, um an seinen kastanienähnlichen Füßen zu schnuppern, war für ihn alles wieder in Ordnung und er schob jeden Gedanken an irgendwelche Unstimmigkeiten beiseite.

Ab sofort war in seinem Revier wieder alles in Ordnung, und wie er auch noch Millis Frischlinge Heiner, Heinrich, Heidi und Heidelinde sah, sah die Welt wieder rosig wie eh und je aus.

Mit leicht beschwingten, von allen Sorgen befreiten Schritten und mit lachendem Herzen ging er weiter durch seinen Wald in Richtung seines Waldwohnhauses.

Dort angekommen begrüßte ihn seine Mutter Anastasia Baumstumpf, die nach dem Tod seines Vaters zu ihm gezogen war.

Sie versorgte seinen Junggesellenhaushalt.

Denn nach einer unglücklich verlaufenden Liebe war Hartlieb zum Junggesellenglauben übergetreten.

Selbstverständlich hatte sie alle seine Sachen aus seinem Jugendzimmer des elterlichen Hauses mitgebracht, was ihn, bis auf die Tatsache, dass dabei auch sein Schaukelpferd Toni war, nicht weiter störte.

Sonst war es ja gar nicht so Übel, von seiner Mutter umsorgt zu werden, kochte sie doch auch alle drei Tage seinen Lieblingsbrei; Milchreis mit Zimt und Rosinen.

Seine Hemden hatten zwar immer einen Kniff mehr als unbedingt nötig, aber immer noch besser, als selber zu Bügeln dachte er sich.

Was den Fernseher betraf, mußte er sich allerdings immer dem Diktat seiner Mutter unterwerfen, dafür hatte er jedoch seinen Stammtisch „Volle Weinamphore".

Manchmal überkam es ihn auch zu Hause, und dann setzte er sich in seinen reichlich ausgestatteten Weinkeller und träumte von seiner Exverlobten Rebecca Weinrebe, von der er auch seine Kenntnisse bezüglich des Weines hatte.

Ach ja, seine Rebecca, welch ein liebliches Wesen.

Er konnte sich noch genau an den Tag erinnern, an dem er sie kennengelernt hatte.

Es war ein wunderschöner Sonntagmorgen und er war unterwegs um Pilze zu sammeln, als er sie auf einer sonnendurchfluteten Lichtung sitzen sah.

Auch sie hatte einen Korb voller Pilze bei sich und wie er feststellen mußte, stand es um ihre botanischen Kenntnisse nicht zum besten, hatte sie doch einige giftige Pilze in ihrem Korb.

Fortan galt er als Retter von Rebecca Weinrebe und ihrer gesamten Familie.

Als Studiosus und angehender Revierförster trat man ihm mit Hochachtung und Wohlwollen gegenüber und er war besonders dann ein gern gesehener Gast, wenn es um die Zubereitung von Pilzgerichten ging.

So gingen einige wunderbare Jahre ins Land und eines Tages wurde Verlobung gefeiert.

Was ihn nach der Verlobung so wunderte, waren die intensiven Fragen seiner Verlobten nach der Fortpflanzung der Tiere und ihr komisches Verhalten beim gemeinsamen Baden im Waldsee.

Nach zwei Jahren des Verlobtseins hatte sie ihm eines Tages den Verlobungsring vor die Füße geworfen und irgend etwas von nicht ewiger Jungfernschaft gesprochen.

Was auch immer sie damit meinte, hatte er bis zum heutigen Tage nicht rausgefunden.

Nun lebte er halt mit seiner Mutter im Waldhaus und hatte immer gebügelte Hemden im Schrank und sein Weinkeller, den er sich mit Rebeccas Hilfe angelegt hatte, war auch nicht zu verachten. Wie er von anderer Seite gehört hatte, soll Rebecca mittlerweile verheiratet sein und sieben Kinder haben.

Ob sie das wohl mit nicht ewiger Jungfernschaft gemeint hatte?

Ob er wirklich was verpaßt hat?

Er kam zu dem Schluß: *nein.*

Als er am Waldhaus ankam, wartete seine Mutter schon im Eingang und winkte ihm wie immer schon von weitem mit einem an einen Stock befestigten Laken zu.

Sie war eben der Meinung, dass ihr Sohn Hartlieb jeden Tag so einen Empfang verdient hätte.

Schließlich sei er ja Revieroberförster und für alle Lebewesen im Wald ein wichtiger Mann, und es erfüllte sie jeden Tag auf ein neues mit Stolz, ihren Sohn in seiner feschen Uniform mit seinem täglich frisch geschmückten Jägerhut und seinem ungeladenen Gewehr so daherschreiten zu sehen. Was will ein Mutterherz noch mehr?

Nun gut, eine Schwiegertochter und ein paar Enkelkinder wären nicht schlecht gewesen, aber sie mußte es akzeptieren, dass ihr Sohn zum Junggesellenglauben übergetreten ist.

Für heute Abend hatte sie seine Sonntagsuniform frisch gebügelt und bereit gelegt, wußte sie doch, dass es sein Stammtischtag war, und ein Stammtisch „Volle Weinamphore" ohne Revieroberförster Hartlieb Baumstumpf war kein richtiger Stammtisch.

Allerdings wusste sie nicht, warum dies so war.

Sie war eben von der Wichtigkeit ihres Sohnes überzeugt.

Die Wilddiebe übrigens auch.

Nachdem Hartlieb seine Uniform angezogen hatte und sich von deren tadellosem Sitz überzeugte, setzte er seinen Sonntagsjägerhut auf, verabschiedete sich mit einem Kuß von seiner Mutter und schritt mit einem Lied auf den Lippen in Richtung Gasthaus „Zum lustigen Wilddieb".

Heute soll es dort einen leckeren Hirschbraten mit Klößen und Rotkraut geben.

Wenn das Fleisch nicht aus seinen eigenen Beständen war, hatte Hartlieb keine Probleme Wildfleisch zu essen.

Im Gasthaus angekommen wurde er lauthals vom Amtsarzt Gesundbistdu und Hausarzt Pille begrüßt, die dem Augenschein nach schon einige Viertele verkonsumiert hatten.

Sie waren auch wieder bei ihrem Lieblingsthema, dem neuen Postbriefträger Volkbert Spreizfuß.

Nachdem Hartlieb Platz genommen hatte, wurde sofort das mit viel Spannung erwartete Essen bestellt.

Dass die beiden Ärzte sich gegenseitig dauernd anstießen und mit verstohlenem Grinsen beobachteten, wie Hartlieb seinen Hirschbraten verspeiste, entging diesem natürlich.

Nachdem man zu Ende gegessen hatte, brachte der Wirt Hennes Schanktisch eine Runde von seinem selbstgebrauten Brombeerschnaps und fragte allgemein in die Runde, ob es denn *allen* gemundet hätte.

*Alle* bejahten diese Frage.

Nur Revieroberförster Hartlieb Baumstumpf ging noch einen Schritt weiter.

Er war der Meinung, das Essen wäre so vorzüglich gewesen, daß er mit einem doppelten Brombeerschnaps in die Küche wollte, um dem Koch Olaf Herdplatte seinen besonderen Dank auszusprechen.

Sofort brach am Stammtisch „Volle Weinamphore" Panik aus.

Das brauche er doch nicht, man würde eine Runde vom gesamten Stammtisch geben und außerdem könne Olaf Herdplatte doch aus seiner Küche herauskommen und mit ihnen am Stammtisch einen zusammen trinken.

Alles Reden half nichts.

Hartlieb wollte persönlich in die Küche, um damit seinen außerordentlichen Dank an den Koch zu demonstrieren.

Gesagt, getan, er nahm sich zwei Gläser und ging in die Küche.

Der Amtsarzt Gesundbistdu griff schon mal zu seiner immer bereitstehenden Arzttasche.

Hartlieb betrat die Küche und blickte in die toten Augen von Conny Zwölfender.

Ein markerschütternder Schrei ging durch das Gasthaus.

Frau Anastasia Baumstumpf pflegte ihren Sohn Hartlieb wirklich mit viel Hingabe.

Viel Arbeit hatte sie allerdings nicht mit ihm, saß er doch meistens auf seinem Lieblingsschaukelpferd Toni und fing nur an zu knurren, wenn jemand seinem Toni zu nahe kam.

# Auf dem Markt

# Auf dem Markt

Wie jeden Morgen begann der Tag auf dem Marktplatz mit einem Riesenandrang von Kleinlastwagen und Traktoren mit Anhänger für die einzelnen Marktstände.

Auch Bauer Ewald Streustroh fuhr mit seinem nicht mehr ganz neuen Traktor nebst Anhänger auf den Markt zu seinem Standplatz.

Seine Ehefrau Gerta musste natürlich der Familienhierarchie entsprechend auf dem Anhänger Platz nehmen.

Bauer Streustroh hatte heute nicht das, was man unbedingt gute Laune nennen konnte.

Angefangen hatte alles heute Morgen, als seine Ehefrau Gerta auf Grund eines leichten Schwächeanfalls nicht in der Lage war, den Traktor anzukurbeln.

Also musste Bauer Streustroh seine Alte, wie er sie natürlich nur in seinen Gedanken nannte, auf den Traktor setzen und *er* mußte selbst die Kurbel betätigen.

Ein Vorgang, der schon am frühen Morgen dazu diente, seine Laune auf den Nullpunkt zu senken.

Bestand doch die Gefahr, dass bei wiederholten Vorgängen dieser Art seine Autorität auf dem Spiel stand.

Allein die Situation sprach schon für sich; seine Frau oben auf dem Traktor, er *unten* an der Kurbel.

Dann, bei der Anfahrt zu seinem Standplatz, nahm ihm auch noch Bauer Johannes Jungbrunnen die Vorfahrt.

Einer von diesen jungen dynamischen Öko-Bauern und sein direkter Konkurrent, um nicht zu sagen *Gegner* auf dem Wochenmarkt.

Seine Stimmung drohte mittlerweile *unter* den Nullpunkt zu sinken.

Heute würde er auf diesen Johannes achten.

Besonders mittags, wenn seine Tochter Erika ihre Mutter ablöste, würde er wachsam sein.

Hatte er doch letzte Woche festgestellt, daß sich seine Tochter ausgerechnet mit diesem Öko-Bauern unterhalten hatte, und was noch viel schwerer wog, sie hat doch einen von seinen Äpfel probiert, um anschließend mit leicht verklärtem Blick ihrem Vater zu erklären, daß diese Äpfel besser schmecken würden als die eigenen.

*Besser schmecken als seine Äpfel,* die er schon seit zweiunddreißig Jahren auf diesem Markt verkaufte!

Als Antwort auf diesen Frevel seiner eigenen Tochter hatte er sie sofort zu Fuß nach Hause geschickt mit dem Auftrag, die gesamten Ställe auszumisten.

Nur so konnte man ihr diese, die ganze Familientradition des Bauernhofs Streustroh in Frage stellenden Gedanken aus dem Kopf treiben.

Dass seine Tochter eines Tages einen jungen Mann mit nach Hause bringen würde, war selbst Bauer Streustroh klar, aber da hatte er noch ein gewichtiges Wort mitzureden.

Auf jeden Fall kam ihm kein Öko-Bauer ins Haus.

Wenn schon, dann sollte es eine gute Partie für seine Tochter und natürlich auch für ihn sein.

Der Sohn des Großbauern Lorenz Geizig.

Julius Geizig war so ein Mann, den er sich als Schwiegersohn gut vorstellen konnte.

Zugegeben, nicht unbedingt das, was man als ein gestandenes Mannsbild bezeichnen konnte.

Bei einer Körpergröße von einmeterachtundfünfzig sprach selbst Bauer Streustroh mit listigem Grinsen von einem Sitzriesen, aber was zählte, waren klare Zahlen und Fakten.

Und Fakt war nun mal, daß Julius Geizig einen einhundertzwanzig Hektar großen Hof mit *sehr* weitläufigen Wohngebäuden erbte.

Den nach Süden hin gebauten Teil der Wohngebäude hatte Bauer Streustroh in Gedanken schon als seinen Alterssitz für sich und seine Gerta eingerichtet.

Julius Geizig war wie sein Vater im örtlichen Reiterverein, auch wenn es mit dem Reiten selbst nicht so zum Besten stand.

Das Pferd zu besteigen machte bei seiner Körperlänge schon Schwierigkeiten, *aber auch das auf dem Pferd bleiben* hatte so seine Tücken.

Aber bei solch einem Hof und dem voluminösen Bankkonto, wie er von seinem Freund Moritz Knete wusste, der Filialleiter der örtlichen Sparkasse war, sah man natürlich über solche Kleinigkeiten hinweg.

Der Öko-Bauer Jungbrunnen sollte Gerüchten nach auch nicht so unvermögend sein, aber Öko-Bauer war Öko-Bauer und Konkurrent war Konkurrent.

Und ein solcher kam ihm nichts ins Haus, beziehungsweise er nicht in sein Haus.

Außerdem hatte er sich für heute etwas Besonderes einfallen lassen.

Seine Kartoffeln waren heute nur ausgesucht dicke Knollen und seine Äpfel sind in der Nacht von seiner Frau Gerta einzeln auf Hochglanz poliert worden.

Er wollte es heute der gesamten Konkurrenz auf dem Markt zeigen.

Seiner Frau hatte er befohlen, sich besonders bunt anzuziehen, inklusive eines großen Strohhutes mit Originalfrüchten des Hofes von Familie Streustroh garniert.

Da das Ganze natürlich auf den gesamten Körper von Gerta drückte, mußte sie heute Morgen ein besonders verstärktes Korsett anziehen.

Was sich wiederum auf die Atmungsmöglichkeiten auswirkte, auf der anderen Seite jedoch ihrem Gesicht eine täuschend ähnliche rötliche Gesichtsfarbe verlieh.

Auch das würde sich nach Ansicht von Bauer Streustroh positiv aufs Geschäft auswirken.

In der heutigen Zeit müßte man halt mit allen Tricks arbeiten.

Er selber wollte mehr durch Abwesenheit glänzen, mußte er doch laufend beobachten, was an den Ständen seiner Konkurrenten ablief.

Zu diesem Zweck hatte er sich auf der Markttoilette in einen feinen Zwirn gezwungen und einen falschen Bart angeklebt.

Er wollte schließlich nicht erkannt werden.

Sehr zur Freude seiner Konkurrenten erkannten sie ihn doch durch das Hinken seines rechten Beines.

Das konnte er natürlich nicht mit einer Maskerade vertuschen.

Die Behinderung an seinem rechten Bein hatte er sich zugezogen, als er leicht angetrunken nach einem Hund treten wollte, der gerade dabei war seinen Marktstand anzupinkeln.

Dass er bei dieser Aktion stürzte, war einem eigens von ihm gezüchteten und geernteten Kohlblatt zuzuschreiben. Das Schicksal entsprang praktisch seinem eigen Grund und Boden.


Was seine Ehefrau Gerta natürlich nicht wusste war die Tatsache, dass er nur fünf Prozent der Zeit, die er nicht am Stand verbrachte dazu nutzte, seine Konkurrenten zu beobachten.

Die restlichen fünfundneunzig Prozent der Zeit verbrachte er in den umliegenden Gasthäusern.

Wobei er immer wieder feststellen mußte, daß der Markt geradezu von

Gasthäusern umzingelt war.

Für ihn war diese wöchentliche Reise durch die Gasthäuser eine reine Geschäftsreise.

Diente sie doch nur dazu, in *jedem* Gasthaus die Vorzüge seiner ach so frischen Ware zu preisen.

Welcher der Gastwirte tatsächlich bei ihm kaufte, entzog sich seiner Kenntnis, hatte er doch selber am Ende einer jeden Geschäftsreise Schwierigkeiten, seinen eigenen Marktstand zu finden.

Auch war nach dem Markttag die Familienhierarchie völlig umgekrempelt, nahm doch Bauer Streustroh dann den Platz seiner Ehefrau auf dem Anhänger ein.

Heute war für ihn ein besonderer Tag.

Hatte er doch erfahren, daß an diesem Markttag der Großbauer Geizig mit seinem Sohn in einem der Gasthäuser rund um den Marktplatz zu Mittag speisen wollte.

Diese Gelegenheit wollte er nutzen, um in einem unauffälligen Gespräch das Thema auf die beiden Kinder Julius und Erika zu bringen.

Die einzige Sorge die er hatte war die Tatsache, daß er nicht wußte, in *welchem* der Gasthäuser Vater und Sohn Geizig speisen würden.

Nach einer kurzen aber sehr präzisen Einweisung für seine Ehefrau Gerta verließ er eiligen Schrittes seinen Marktstand, um als erstes den Gasthof zum *Fröhlichen Bauern* aufzusuchen.

Zu seinem Leidwesen waren Vater und Sohn Geizig dort nicht anwesend.

Nach kurzem aber heftigem Kampf mit sich selber kam er zu der Einsicht, daß er das Gasthaus ja allein aus geschäftlichen Gründen nicht verlassen konnte, ohne etwas zu verzehren.

Um den Wirt Heribert Glashoch nicht vor den Kopf zu stoßen, er konnte ja nicht lange bleiben wegen der Suche der beiden Geizigs, bestellte er sich ein *großes* Bier und einen *doppelten* Korn.

Das war eigentlich nicht seine Sache, große und doppelte Gläser, aber der Ernst der Sache forderte auch von ihm Opfer.

Im zweiten Gasthaus *Zum lustigen Pflug* trank er zwei große Bier und zwei doppelte Korn, *ohne* die Geizigs gesehen noch von ihnen gehört zu haben.

Im siebten Gasthaus *In der feuchten Scheune* konnte man von einem Eintreten des Bauern Streustroh schon nicht mehr sprechen, da er zur Fortbewegung mittlerweile die gesamte Straßenbreite benötigte.

Aber er hatte es geschafft!

157

Nach vielen Opfern endlich am Ziel.

Schon beim Hereinkriechen hatte er die unverwechselbaren handgearbeiteten Reitstiefel von Lorenz Geizig erkannt.

Nach mehrmaligem Blinzeln erspähte er die nicht minder auffälligen Stiefel von Sohn Julius.

Das Besteigen des Stuhles neben Lorenz Geizig war von etlichen eklatanten Fehlversuchen begleitet.

Dass das folgende Gespräch nicht als solches zu bezeichnen war und mehr einem Monolog des Bauern Streustroh glich, braucht ja hier nicht mehr erwähnt werden.

Unabhängige Beobachter meinten, solche Wörter wie „Julius hässlicher Zwerg", aber trotzdem wegen Geld und Hof als Schwiegersohn willkommen. Vater Lorenz eigentlich ein Kotzbrocken, aber wenn man Julius Hof und Geld wollte, mußte man auch Lorenz nehmen. Tochter eigentlich zu schade. Öko-Bauer Jungbrunnen vielleicht doch ein feiner Kerl, und der Gipfel wäre Esmeralda Geizig, ihres Zeichens Ehefrau und Mutter.

Solch einen Kampfdrachen als Schwägerin, das wäre nun doch nicht mit Geld und Hof aufzuwiegen.

Um seinen Worten Nachdruck zu verleihen versuchte Bauer Streustroh aufzustehen.

Dieses Unterfangen schlug völlig fehl!

Der zufällig vorbeikommende Öko-Bauer Johannes Jungbrunnen und Streustrohs Tochter Erika nahmen Ewald Streustroh auf eine von anderen Marktständlern bereitgestellte Schubkarre und schoben ihn in Richtung eigenen Marktstand und Ehefrau Gerta.

Dem Vernehmen nach soll die Familie Streustroh ihren Marktstand gekündigt haben und auf einem Markt in einhundert Kilometer Entfernung einen Platz beantragt haben.

Erika Streustroh besuchte mittlerweile eine Fachschule für ökologischen Landbau, um sich auf Ihre Rolle als Öko-Bäuerin und Ehefrau vorzubereiten.

# Fritz
# Wanne

# Fritz Wanne

Fritz macht in Sanitär.

Fritz hilft bei verstopften Rohren, defekten Rohren, vollen WC's, leeren WC's, Waschbecken die ablaufen, Waschbecken die nicht ablaufen, Wasserhähnen die tropfen, Wasserhähnen die nicht tropfen, Badewannen die überlaufen, Badewannen die nicht überlaufen, um nur einige der eintausendzweihundertdreiundzwanzig Möglichkeiten zu nennen, warum Fritz helfen kann.

Fritz hilft auch Hausfrauen, die nicht wissen, wie es weitergehen soll und Hausfrauen, *die* genau wissen *wie* es weitergehen soll.

Fritz ist natürlich nicht alleine im Einsatz.

Zu seiner Rechten befindet sich stets sein zweiundachtzigjähriger Altgeselle Hannes Rohrfrei und zu seiner linken der Lehrling Erasmus Wasserwaage. Der Altgeselle Hannes macht schon seit achtundsechzig Jahren in Sanitär und möchte auch am liebsten zur rechten seines Chefs Fritz Wanne in Sanitär sterben.

Bei dem Lehrling Erasmus Wasserwaage machte schon der Großvater in Sanitär, der Vater in Sanitär, also macht logischerweise auch Erasmus in Sanitär.

Das Hannes Rohrfrei fast taub ist, spielt eine untergeordnete Rolle, sollte er doch sehen, ob ein Wasserhahn tropfte und nicht hören, ob ein WC voll ist.

Die Verwechslungen des Lehrlings Erasmus Wasserwaage, der Mozart für einen Rapper hielt, spielten auch keine weitere Rolle, sollte er doch in der Lage sein, eine WC–Schüssel von einer Badewanne zu unterscheiden und nicht die Wiener Philharmoniker dirigieren.

Alle drei traten unter dem Firmennamen „Fritzes frische Rohre" auf.

Eine Sanitärfirma von legendärem Ruf in Unterschlurfheim.

Das Motto des Unternehmens lautete: "Anruf um acht, Ankunft um neun". Dieses Motto verleitete jeden Hilfesuchenden zu der Annahme, dass, wenn er um acht Uhr ein Problem in Form einer verstopften Toilette hat, er um neun Uhr mit Ankunft der Firma „Fritzes frische Rohre" rechnen kann.

Die Ankunft um neun Uhr war auch generell garantiert, da man grundsätzlich von acht bis neun im Firmenwagen vor dem Haus des Kunden frühstückte, und diese Stunde als Problemanalyse in Rechnung stellte.

Das zweite Frühstück fand dann im Hause des Kunden statt und wurde scheinheilig auf einundzwanzig Minuten beschränkt mit dem Hinweis, man wolle die verstopfte Toilette ja so schnell wie möglich frei machen. Was niemand ahnte war, dass zwar die neun Uhr genau eingehalten wurde, aber die Firma „Fritzes frische Rohre" sich nie aufs Datum festlegte.

Man war schließlich das einzige Unternehmen in der Stadt.

Wollte man ein Unternehmen aus der nächsten Stadt bestellen, so konnte man sicher sein, dass diese keine Zeit hatten und eine Lösung des Problems in zirka drei Wochen in Aussicht stellten.

Sollte jemand auf den Gedanken kommen, dies als Absprache der Unternehmen oder als unerlaubte Revierzuteilung zu bezeichnen, dem drohte ein gnadenloser Boykott durch die Firma „Fritzes frische Rohre" und aller Unternehmen im Umkreis von fünfhundert Kilometern.

Heute hatte Fritz Wanne einen Auftrag im Hause des Kommerzienrats Ehrenfried Bestechlich.

Da dieser für die Vergabe der öffentlichen Aufträge zuständig war, erschien die Firma „Fritzes frische Rohre" schon am dreiundzwanzigsten März, obwohl Frau Kommerzienrat Ortrud Bestechlich erst am zweiten März eine verstopfte Toilette gemeldet hatte.

In der Stadt ging wegen dieses schnellen Einsatzes der Firma „Fritzes frische Rohre" der Begriff der Vetternwirtschaft durch die Straßen.

Obwohl es jedermann auf dem Einwohnermeldeamt überprüfen konnte, dass es zwischen den Familien Wanne und der Familie Bestechlich keine familiären Verbindungen gab.

Fritz Wanne wäre auch nie so früh bei Kommerziemrat Bestechlich erschienen, wenn er nicht erfahren hätte, dass das Plumpsklo im Garten der Bestechlichs, dass man seit dem zweiten März benutzte, übergelaufen war und Frau Kommerzienrat einen etwas seltsamen Geschmack an den Möhren aus Ihrem Garten festgestellt hatte.

Das war der Moment, wo auch Fritz Wanne sich daran erinnerte, dass im Gemeindeamt demnächst die gesamten sanitären Anlagen erneuert werden sollten und Kommerzienrat Ehrenfried Bestechlich die Aufträge vergab. Man war zwar das einzige Unternehmen in der Stadt, aber wusste man, was in einem sonst nicht mehr ganz so aktiven Beamtengehirn vorging wenn das Plumpsklo überlief?

Also klingelte die Firma „Fritzes frische Rohre" am dreiundzwanzigsten März nach einstündiger Problemanalyse am Eingang des Anwesens von Kommerzienrat Bestechlich.

Der Altgeselle Hannes Rohrfrei, der zwar nicht mehr gut hören konnte, dafür aber intakte Augen und eine gut funktionierende Nase hatte, machte seinen Chef darauf aufmerksam, dass die anderen Häuser in der Strasse alle Fensterläden geschlossen und große Ventilatoren vor den Häusern installiert hatten, die alle in Richtung des Hauses des Kommerzienrat Bestechlich bliesen.

Auch meinte er, ob man nicht doch die Gasmasken aufsetzen sollte, um den Geruch von einundzwanzig Tagen verstopfter Toilette besser zu ertragen. Fritz Wanne lehnte dieses Ansinnen seines Altgesellen ab mit dem Hinweis, man sei schließlich in Sachen Sanitär unterwegs und keine Avonberater.

Das Gesicht des Lehrlings Hannes Wasserwaage nahm langsam eine leicht giftgrüne Färbung an.

Da aber schon sein Großvater und sein Vater in Sanitär gemacht hatten, versuchte er sich mit aller Macht auf den Beinen zu halten, um nicht die Ehre seiner sanitären Familientradition aufs Spiel zu setzen.

Nach minutenlangem Klingeln öffnete endlich Frau Kommerzienrat Bestechlich die Haustüre.

Beim Anblick des Dreigestirns der Firma „Fritzes frische Rohre" fiel sie unter wasserfallähnlichen Freudentränen auf die Knie, riss sich Ihre Gasmaske vom Gesicht und begann ein Dankgebet zu murmeln.

Fritz Wanne, sein Altgeselle Hannes Rohrfrei und sein Lehrling Erasmus Wasserwaage stiegen über die am Boden betende Frau Kommerzienrat Ortrud Bestechlich in die Wohnung.

Da die Fliegenschwärme eine Orientierung unmöglich machten, stieg man über die immer noch am Boden kniende Frau Kommerzienrat wieder nach draußen und beauftragte den Lehrling Erasmus Wasserwaage damit, aus dem Bauamt einen Grundriss des gesamten Anwesens der Bestechlichs zu besorgen, damit man eine Orientierungshilfe hatte, um zu der verstopften Toilette zu gelangen.

Durch einen Blick auf die Uhr stellte Fritz Wanne fest, dass es Zeit für das zweite Frühstück war.

Dies beschloss man im Firmenwagen einzunehmen.

Der Lehrling Erasmus Wasserwaage sah eine Chance, dem üblen Geruch wenigstens für eine Weile zu entfliehen und bot an, auf seine zweite Frühstückspause zu verzichten und sich sofort auf den Weg ins Bauamt zu begeben.

Wohlwissend, dass dieses am anderen Ende der Stadt lag und er mit der Straßenbahn dorthin fahren musste.

Fritz Wanne murmelte etwas von gesetzlich vorgeschriebenen Pausen, aber im Angesicht der verzweifelten, am Boden knienden betenden Frau Kommerzienrat Ortrud Bestechlich könne man ja mal eine Ausnahme machen.

Die einundzwanzig Minuten Frühstückspause konnte er ja zusätzlich auf die Rechnung setzen.

So machte sich Erasmus Wasserwaage auf den Weg in Richtung Bauamt.

An der Haltestelle der Linie Vier angekommen stellte er fest, dass die Straßenbahn vor zwei Minuten abgefahren war und die nächste erst in einer Stunde fuhr.

Ihm blieb nichts anderes übrig als zu warten.

Im Bauamt angekommen war gerade Mittagspause und alle Türen verschlossen.

Nach einer Stunde öffnete der Pförtner die Türen.

Auf die Frage von Erasmus Wasserwaage, wo denn die Abteilung für Grundrisse sei, antwortete im der Pförtner, dass diese Abteilung heute ihren Betriebsausflug habe und erst am nächsten Tag wieder im Amt sei.

Erasmus Wasserwaage machte sich wieder auf den Weg zum Hause der Bestechlichs.

Dort angekommen stellte sein Chef Fritz Wanne fest, dass es schon sechzehn Uhr und Feierabend war.

Da man die Frau Kommerzienrat nicht ohne Hilfe zurücklassen wollte, wechselte der Chef der Firma „Fritzes frische Rohre" höchstpersönlich den Filter in der Gasmaske von Frau Kommerzienrat aus und versprach, am nächsten Morgen pünktlich um neun Uhr vor Ort zu sein.

Das wiederum hat zur Folge, dass Fritz Wanne alle anderen Termine um einen Tag verschieben musste.

Aber schließlich war Herr Kommerzienrat Ehrenfried Bestechlich für die Vergabe öffentlicher Aufträge zuständig.

Am nächsten Morgen klingelte die Firma „Fritzes frische Rohre" nach einstündiger Problemanalyse Punkt elf Uhr bei Frau Kommerzienrat Bestechlich.

Die zwei Stunden von neun bis elf dienten zum Abholen des Grundrisses beim Bauamt.

Heute mussten sie zwanzig Minuten warten, bis Frau Kommerzienrat die Türe öffnete, sich die Gasmaske vom Gesicht riss und wieder zu einem Dankesgebet auf die Knie fiel.

Als Fritz Wanne, sein Altgeselle Hannes Rohrfrei und sein Lehrling Erasmus Wasserwaage über die betende Frau Kommerzienrat in das Haus stiegen stellten sie fest, dass sie zwar den Grundriss hatten, aber auf Grund des Fliegenbefalls nichts sehen konnten.

Also stieg man wieder über die betende Frau Kommerzienrat nach draußen und beauftragte den Lehrling Erasmus Wasserwaage, den Kammerjäger Jupp Filzlaus aufzusuchen mit der Bitte, den Fliegenbefall im Hause Bestechlich zu beseitigen.

Auf den Hinweis des Lehrlings, ob man nicht telefonieren könnte antwortete Fritz Wanne, man müsse den Vorsitzenden der Handwerkskammer, den Kammerjäger Jupp Filzlaus, schon persönlich bitten. Eine solche Persönlichkeit ließe sich nicht einfach per Telefon bestellen.

Heute traf es den Lehrling Erasmus Wasserwaage noch härter.

Die Straßenbahner streikten und er musste den Weg zum Vorsitzenden der Handwerkskammer zu Fuß gehen.

Der Kammerjäger Jupp Filzlaus war leider nicht zu sprechen, feierte er doch im einhundertdreißig Kilometer entfernten Oberschlurfheim die Hochzeit seiner siebenundvierzigjährigen Tochter Senta.

Es hatte ihn genügend Geld und gute Worte gekostet, seine Senta mit dem Schäferhundzüchter Willi Rute zu vermählen.

Da der Lehrling Erasmus Wasserwaage alles zu Fuß erledigen musste, kam er erst um siebzehn Uhr am Haus der Bestechlichs an.

Der Altgeselle Hannes Rohrfrei hatte schon mit seinem Feierabendschläfchen begonnen und Fritz Wanne füllte bereits den Überstundenzettel aus.

Aber auch heute ließ er es sich nicht nehmen, den Filter der Gasmaske von Frau Kommerzienrat persönlich auszuwechseln.

Das war er Herrn Kommerzienrat Bestechlich, der ja für die Vergabe der öffentlichen Aufträge zuständig war, einfach schuldig.

Am nächsten Tag war der Kammerjäger Jupp Filzlaus nach langer Hochzeitsfeier erst am Mittag zu sprechen.

An Hand des Grundrisses des Hauses der Bestechlichs erläuterten Jupp Filzlaus mit der Firma „Fritzes frische Rohre", wie man am besten vorgehen könnte.

Da Jupp Filzlaus noch reichlich Restalkohol im Blut hatte und viele Dinge nicht richtig aufnehmen konnte, dauerte die Lagebesprechung bis sechszehn Uhr.

Darauf verabredete man sich für den nächsten Tag um neun Uhr vor dem Hause der Bestechlichs.

Fritz Wanne bewies selbst nach einem so langen harten Arbeitstag noch Verantwortungsbewusstsein und fuhr zum Hause der Bestechlichs, um den Filter in der Gasmaske von Frau Kommerzienrat zu wechseln und ihr zu versichern, dass die Firma „Fritzes frische Rohre" selbstverständlich am nächsten Morgen Punkt neun Uhr zur Stelle sei.

In seiner Firma angekommen wollte er allen Kunden, die ja auch auf ihn warteten, mitteilen, dass sich alle Termine wieder um einen Tag verschieben würden, als er durch einen Blick auf den Kalender feststellte, dass am nächsten Tag Samstag war und er fürs Wochenende eine Moseltour geplant hatte.

Er ging davon aus, dass diese Tatsache auch Herrn und Frau Kommerzienrat Bestechlich bekannt war und sie davon ausgingen, dass er am Montag pünktlich um neun Uhr nach der Problemanalyse zur Stelle sei.

Am Montag berichtete das Unterschlurfheimer Tageblatt unter der Rubrik „Tragödien":

Wie unser Reporter Dagobert Rotstift mitteilte, ist Frau Kommerzienrat Ortrud Bestechlich bei dem Versuch eine Fliege zu erschlagen mit ihrer Gasmaske in der Gardine hängen geblieben und erstickt.

Als ihr Mann, der Kommerzienrat Ehrenfried Bestechlich, am Sonntag Abend von einem Seminar mit dem Thema „Sind Beamte bestechlich?" nach Hause kam und seine Frau tot vorfand, stürzte er sich verzweifelt kopfüber in eine riesige Jauchegrube im Garten.

Zur Zeit versucht die Feuerwehr immer noch durch Abpumpen der Jauchegrube den Herrn Kommerzienrat zu finden.

Die Sanitätsfirma „Fritzes frische Rohre" teilte ihren Kunden mit, dass sie die Aufträge doch einen Tag früher als geplant durchführen kann und selbstverständlich pünktlich um neun Uhr, nach einstündiger Problemanalyse, mit der Arbeit beginnen würde.

# Egon
# Bahre

# Egon Bahre

Egon Bahre war Krankenpfleger im Krankenhaus zu den drei lustigen Nonnen.

Egon pflegte ältere Patienten auf der Männerstation als auch auf der Frauenstation.

Er war ein allseits bei seinen Kollegen beliebter Krankenpfleger.

Jemand, der seinen Patienten stets mit fürsorglicher Pflege und auch mit fürsorglichem Rat zur Seite stand.

Das Krankenhaus und sein Beruf waren seine Lebensaufgabe.

Er übernahm gerne Nachtdienste und Wochenenddienste von Kollegen, um so viel wie möglich bei *seinen* Patienten zu sein.

Egon Bahre machte so manch jungem Arzt, der noch nicht die praktische Erfahrung hatte, etwas vor und diese jungen Ärzte nahmen gerne einen Rat von Egon entgegen.

Er war so etwas wie die gute Seele des Krankenhauses.

Aber auch die Nervensäge des Krankenhauses.

Denn, wenn etwas nicht so ganz im Sinne von Egon Bahre lief, konnte er außerordentlich zickig sein.

So zickig, dass es alle vorzogen, ihm an solchen Tagen lieber aus dem Weg zu gehen.

Nur die Patienten hatten leider nicht die Möglichkeit vor ihm davonzulaufen, sondern mussten seine ganze schlechte Laune voll ertragen.

Wehe, Egon hatte Krach mit seinem jüngeren Freund, dann gab es wirklich nur die Möglichkeit, ihm vollends aus dem Wege zu gehen oder man bekam sein ganzes privates Chaos mit.

Um das zu ertragen, musste man schon in der Psychiatrischen tätig sein, wo man im Notfall auf beruhigende Arznei zurückgreifen konnte.

Heute war wieder so ein Tag, an dem er sehr nervös durch die Gänge des Krankenhauses zu den drei lustigen Nonnen tänzelte.

Hatte er doch gestern seinen freien Tag gehabt, den er eigentlich dazu nutzen wollte, um mit seinem Freund auszugehen.

Da sein Freund auch Krankenpfleger war, hatten sie ihre Schichten so abgesprochen, dass sie ihre Freizeit gemeinsam gestalten konnten.

Gestern Morgen hatte alles so schön angefangen.

Er hatte beim Bäcker frische Brötchen geholt und nebenan im Blumenladen eine rote Rose gekauft.

Auf dem Weg in die Wohnung hatte er die Blüte im Fahrstuhl festgeklemmt.

Da er seinen Detlev nicht ohne Rose wecken wollte, musste er den Weg zurück und eine neue Rose holen.

Nachdem er schließlich Blume und Brötchen heil nach Hause gebracht hatte, konnte er alles am Bett kredenzen und zusammen mit Detlev in aller Ruhe frühstücken.

Danach kleideten sich beide schick und wollten gerade die Wohnung verlassen, um ein wenig durch die Stadt zu bummeln und ein paar Freunde in der Kneipe treffen, als das Telefon klingelte.

Egon war als erster am Telefon und nahm den Hörer ab.

Aber am anderen Ende meldete sich niemand.

Egon meldete sich mehrmals, bekam aber keine Antwort. Als er Detlev mit rotem Kopf neben sich verlegen Grinsen sah war für ihn klar, dass jemand versuchte, seinen Freund zu erreichen, ohne dass er etwas merken sollte.

Sofort schleppte er Detlev in die nächste Kneipe, um ihn dort in *aller Ruhe* zur Rede zu stellen.

Es gab natürlich ellenlange Diskussionen, die zu keinem Ergebnis führten, da sein Freund Detlef alles leugnete und sich über die unberechtigten Eifersuchtsszenen seines Freundes Egon beschwerte.

Auf jeden Fall war der Tag gelaufen und die heutige Laune von Egon Bahre war auf dem Tiefpunkt angelangt.

Wehe dem, der ihm die Gelegenheit geben sollte, seine Laune abzureagieren.

Bei der Nonne Schwester Hildegundis würde er sich wie immer die Zähne ausbeißen. Gab es bei ihr doch nur einen der Recht hatte, und das war Gott.

Und gegen den konnte auch ein schlecht gelaunter Egon nicht ankämpfen.

Kämpfe gegen Schwester Hildegundis und Gott waren von vornherein zum Scheitern verurteilt.

Statt dessen suchte Egon mit Unheil verkündendem Gesicht die Männerstation auf.

Dort ließ er einen prüfenden Blick über die sechs Betten und Insassen des Zimmers einhundertsechsundzwanzig gleiten.

Es war sein Sorgenzimmer.

Die Patienten dieses Zimmers waren nicht das, was man unbedingt als schwerkrank bezeichneten konnte.

Alles kleine Eingriffe, die zwar notwendig waren, aber dem Tatendrang der Patienten keine allzu großen Hindernisse darstellten.

In Prinzip ließ sich das Problem von Zimmer einhundertsechsundzwanzig mit drei Worten erklären:

*Zigaretten, Alkohol und Kartenspiele!*

Da Egon passionierter Nichtraucher war, führte er natürlich einen persönlichen Vernichtungskampf gegen Zigaretten.

Besonders die ohne Filter waren für ihn das Schlimmste, musste er doch tagtäglich die Krümel dieser verfluchten Zigaretten aus den Betten schütteln.

Und so etwas ihm, als Nichtraucher.

Wenn mit seinem Freund alles in Ordnung war und er gute Laune hatte, konnte er schon mal über gewisse Dinge hinwegsehen.

Aber nach so einem Tag wie gestern war Egon Bahre unerbittlich!

Seine Laune aber hatte sich schon auf der ganzen Station herumgesprochen und so hatten die Patienten ihre Betten von verdächtigen Krümeln befreit und die Laken selber glatt gestrichen.

Normalerweise würde sich Egon darüber freuen, aber heute nahm man ihm eine Möglichkeit, sich abzureagieren.

Aber es gab ja noch mehr Möglichkeiten!

Als erstes nahm er sich den Patienten Hildbert Kleinigkeit vor.

Hildbert hatte ein Furunkel entfernt bekommen, tat aber so, als hätte man ihm ein Bein amputiert.

Den ganzen Tag lag er mit weinerlich leidender Mine im Bett und ließ sich am liebsten von vorn und hinten bedienen.

Genau der richte Fall für Egon.

Egon mag keine weichen weinerlichen Männer.

Besonders nicht an den Tagen, an denen er schlechte Laune hatte.

Und heute hatte er schlechte Laune!


Langsam und in lauernder Haltung ging er auf das Bett von Hildbert Kleinigkeit zu.

Scheinheilig fragte er, wie es ihm denn ginge.

Hildbert erkannte die bedrohliche Situation nicht und fing wie üblich an zu jammern und sprach von entsetzlichen Schmerzen.

Darauf hatte Egon gewartet!

Mit dem Hinweis, dass er der Sache auf den Grund gehen müsste, entfernte er den Verband an Hildberts Oberschenkel.

Ein neutraler Beobachter würde hier vielleicht statt dem Wort entfernen das Wort abreißen benützen.

Dies hatte natürlich einen markerschütternden Schrei von Hildbert Kleinigkeit zur Folge.

Mit ernster Miene begutachtete Egon Bahre die Wunde von Hildbert Kleinigkeit.

Sein Blick wurde immer ernster und er wiegte sein Haupt bedenklich von links nach rechts .

Dann ging er zum Fenster, zog die Gardine zur Seite, um so noch mehr Licht ins Zimmer zu lassen und um die Wunde noch genauer betrachten zu können.

*Dies geschah ohne jegliche Worte.*

Hildbert Kleinigkeit war mittlerweile schweißgebadet und wagte kaum noch zu atmen.

In Gedanken sah er seine Frau und seine beiden Kinder vor seinem offenen Grab stehen und er überlegte, ob er pünktlich seine Lebensversicherungsprämien gezahlt hatte.

Das Häuschen war ja zum Glück abbezahlt und für das Auto war nur noch eine Rate zu zahlen.

Da seine Frau Mechthild auch arbeiten ging, würde sie zusammen mit der Witwenrente ein ausreichendes Einkommen haben.

Egon hatte mittlerweile den Stationsarzt Heinrich Mull kommen lassen und ihm immer noch schweigend die Wunde gezeigt.

Dieser zog nach längerem Betrachten der Wunde von Hildbert beide Augenbrauen in die Höhe und gab Egon nur durch Gesten zu verstehen, dass er ihn auf dem Flur und nicht vor dem Patienten zu sprechen wünsche.

Vor Hildbert geistigen Augen spielte sich der ganze Transport vom Krankenzimmer zur Leichenhalle ab.

Wie würde der Kranz seiner Frau aussehen?

Alles rote Rosen aus unendlicher Liebe zu ihm?

Oder doch nur bunte billige Nelken, weil er doch in letzter Zeit versucht hatte, seine Familie tyrannisieren?

Würde sein Männerchor, in dem er die wichtige Position des Notenverteilers innehatte, ein Ave Maria singen?

Hildbert ließ seinen Kopf langsam zur Seite sinken, bereitete sich aufs Sterben vor und ließ sein ganzes Leben vor seinem geistigen Augen an sich vorüberziehen.

Er war gerade bei der Geburt seiner ersten Tochter angelangt, als die Türe aufflog.

Egon Bahre und der Stationsarzt Heinrich Mull traten ins Zimmer.

Hildbert begann langsam seine Atmung einzustellen!

AUFSTEHEN, ANZIEHEN, NACH HAUSE GEHEN peitschten die Worte von Egon Bahre durch das Krankenzimmer Nummer einhundertsechsundzwanzig!!

Hildbert stellte vor Schreck wirklich seine Atmung ein und konnte nach kurzer künstlicher Beatmung aufstehen und nach Hause gehen.

Egon Bahre schaute mit listigem Grinsen in die Runde der übrigen Patienten des Zimmers einhundertsechsundzwanzig.

Keiner wagte sich zu rühren und sie blickten zur Zimmerdecke, um den Blicken von Egon Bahre zu entgehen.

Zur Erleichterung aller verließ Egon zusammen mit Stationsarzt Heinrich Mull das Zimmer.

Kurz darauf hörten sie ein lautes Gepolter und einen langgezogenen Schrei von Egon Bahre auf dem Flur.

Eilige Schritte, kurze Anweisungen von Stationsarzt Heinrich Mull waren zu hören.

Die Schreie von Egon Bahre wurden erst lauter und dann immer leiser.

Schließlich war nur noch ein leises Wimmern und Schluchzen zu hören.

Nun begannen lange Stunden des ängstlichen Wartens der Patienten des Zimmers einhundertsechsundzwanzig.

Was war mit Egon passiert?

Wann würde er wieder erscheinen, um seinen Frust über das eben Geschehene an ihnen auszulassen?

Vor allen Dingen, was war ihm passiert?

Wie stark würde sein Zorn über sie hereinbrechen?

Dann, nach langem Warten der mittlerweile in Angstschweiß badenden Patienten des Zimmers einhundertsechsundzwanzig ging die Türe auf.....

hereingefahren mit einem Rollstuhl wurde Egon Bahre!

Von seinen Kollegen und Stationsarzt Heinrich Mull wurde er in das frei gewordene Bett von Hildbert Kleinigkeit gelegt.

Was war passiert???

Egon war beim Verlassen des Zimmers einhundertsechsundzwanzig auf dem Flur in einen Putzeimer getreten und hatte sich das linke Bein gebrochen.

Als sein Freund Detlev ihn am nächsten Tag besuchen kam, saßen die anderen Patienten am Bett von Egon und spielten mit ihm Karten. Nur geraucht wurde wirklich nicht!

# Wahlkampf

# Wahlkampf

Wahlkampf! Politik!

Das war DAS Thema im Hause Krumnacker.

Hier ging es nicht um Themen wie SPD, CDU, FDP oder Grüne.

Vielleicht sogar um PDS.

Hier ging es um fundamentale Einstellungen der schwarz/gelben Doris und des rot/grünen Wolfgang.

Natürlich ging es auch um die politischen Parteien und deren Vertreter.

Auf irgend jemanden musste man ja schimpfen können.

Irgendwelche Politiker musste man ja beleidigen können.

Und irgendeine Partei musste man ja als inkompetent bezeichnen können.

Im Hause Krumnacker ging es, wenn die Politik im Spiel war, um viel größere Dinge.

Zum Beispiel um die Frage „*Wer hat recht?*"

Wer ließ sich *nicht* vom politischen Feind argumentativ ins Abseits manövrieren?

Wer hatte mehr Wut im Bauch, wenn er abends schlafen ging.

Wer konnte auf mehr Zeitungsartikel verweisen, die den politischen Feind in den Abgrund stürzten?

Was war da schon der Bundestag.

Der wahre politische Kampf fand im Hause Krumnacker statt.

Die Debatte wurde grundsätzlich mit dem Satz „*Hast du das hier gelesen?*" eröffnet.

„*Das hier gelesen*" war natürlich immer ein Artikel, der den jeweiligen politischen Gegner niedermachte.

Wasser auf die Mühlen desjenigen, der bei dem Artikel auf der richtigen Seite stand.

Ein Desaster für denjenigen der bei dem Artikel auf der falschen Seite stand.

Spätestens bei der ersten Reaktion von dem, der auf der falschen Seite stand, schlossen die Nachbarn die Fenster.

Die Katzen schossen wie die Raketen in den Garten auf einen Baum und Fritz der Igel rollte sich ein und stellte seine Stacheln auf.

„*Hast du das hier gelesen*" eröffnete die politische Debatte im Hause Krumnacker.

Hier war *IMMER* Wahlkampf.

Ob eine Wahl vor der Tür stand oder nicht.

Politische Nachrichten im Fernsehen wurden natürlich grundsätzlich mit Kommentaren wie „*Wenn ich den schon sehe*" begleitet.

„*Wie der schon aussieht, und wenn einer schon dreimal verheiratet war*"
Ob die Anzahl der Hochzeiten ein Beweis für gute oder schlechte politische Arbeit war, mag der eine oder andere bezweifeln.

Für Doris war es ein klarer Beweis für schlechte politische Arbeit!!

Für Wolfgang war es sonnenklar, dass ein Bayer kein guter Politiker sein konnte. Schon gar keiner mit „*gebügelten*" Haaren, wie er immer bemerkte.

Und außerdem waren alle CDU/CSU Politiker „Amigos".

Amigos auf Seiten der SPD wurden bei solchen Diskussionen natürlich nicht erwähnt.

Wobei man sagen muss, dass „*Verschweigen von wichtigen Dingen*" zum Nachteil der eigenen Standpunkte und der eigenen politischen Richtung ein Hauptbestandteil der Diskussionen im Hause Krumnacker war.

Hier ging es nicht darum, Schwächen in den eigenen politischen Reihen aufzudecken, sondern nur darum klar zu machen, dass man auf der richtigen Seite stand.

Notfalls auch mit lauter Stimme!!

Alles nach dem Motto „*der Lauteste hat recht*".

Natürlich gab es die moderateren Sätze wie „eigentlich sind sie alle gleich".

Sie waren nicht die eigentliche Überzeugung, sondern nur dazu da, dem häuslichen Frieden zu dienen.

Denn neben dem politischen Gegner gab es ja immer noch die geliebte Ehefrau oder den geliebten Ehemann. Und für beide gab es auch politikfreie Stunden.

Da im Hause Krumnacker aber jeden Tag gründlich die Tageszeitung studiert wurde und das Fernsehen nur so von politischen Meldungen wimmelte, waren die politikfreien Stunden in der Minderheit.


Wieder einmal standen die Kommunalwahlen unmittelbar bevor und für Familie Krumnacker begann die *heiße Phase* des Wahlkampfs.

Jetzt galt es, *jede* Schwäche des politischen Gegners gnadenlos aufzudecken.

Jede Wahlumfrage, von wem sie auch immer aufgestellt war, wurde dem im Moment Unterlegenen zum Frühstück neben seine Kaffeetasse gelegt.

Dann begann das gegenseitige belauern.

Was wird er gleich dazu sagen?

Oder versucht sie wieder einmal einfach alles zu ignorieren?

Je nach Stimmung begann man das Gespräch einfach über so unverfängliche Dinge wie das Wetter, die Katzen oder übers Essen.

Sollte er dann immer noch den Zeitungsartikel ignorieren, ging es nur noch mit dem altbewährten Satz „Hast du das hier gelesen?".

Darauf keine Antwort zu geben hieße nicht *Wahlkampf* sondern *Wahlkrieg!* Den wollte eigentlich keiner, aber auf der anderen Seite durfte man auch keine Schwächen zeigen.

Hier galt es zu taktieren, zwischen dem politischen Angriff und einem harmonischen Eheleben.

Heute war Samstag und Wolfgang hatte sich darauf gefreut, etwas länger zu schlafen, als er durch ein donnerndes „Wenn ich das schon wieder lese" aufgeschreckt wurde und sich neben dem Bett wiederfand, aus dem er vor Schreck gefallen war.

Die Situation war sonnenklar.

Seine liebe Ehefrau saß schon mit einer Tasse Kaffee auf der Couch vor dem Wintergarten und las die Samstagszeitung.

Und in dieser *musste* ein Artikel zu Gunsten seiner politischen Freunde stehen.

Noch auf dem Boden sitzend überlegte er.

Sollte er einfach zurück ins Bett oder sollte er sich schon am frühen Morgen der politischen Diskussion stellen?

Da ihn die Sonne anlachte dachte er, dass es zu schade wäre noch im Bett zu bleiben und entschloss sich aufzustehen.

Scheinheilig fragte er seine Doris, ob sie etwas gesagt hätte.

Er habe so halb im Schlaf etwas gehört.

Sie wollte gerade zu einer politischen Tirade ansetzen als auch ihr scheinbar klar wurde, dass es Samstagmorgen war, die Sonne schien und der Tag vielleicht zu schade für einen Wahlkampf sei.

„Ach, war nicht wichtig" sagte sie und fing an, den Frühstückstisch zu decken.

Als sie so friedlich am Frühstückstisch saßen und das Wochenende planten, fiel der Blick von Wolfgang auf die Samstagszeitung und den für seine politische Gesinnung positiven Artikel.

Prompt kam natürlich der alles entscheidende Satz „Hast du das hier schon gelesen?"

Die nun folgenden Sätze konnte man eigentlich in jeder Haushaltsdebatte des deutschen Bundestages wiederfinden.

Und an Stelle von Doris hätte man auch Franz Josef Strauß und an Stelle von Wolfgang auch Herbert Wehner hören können.

Aber wir befanden uns nur in Büderich bei Familie Krumnacker.

Die Katzen hatten alle drei schon wieder die Flucht ergriffen und saßen gemeinsam in der großen Birke im Garten.

,Sicher ist sicher' dachten sie.

Die Nachbarn wollten gerade die Fenster schließen, als es wieder ruhig wurde.

Was war geschehen?

Mitten in der lautstarken politischen Endwahlkampfdebatte der Beiden fiel die Samstagszeitung vom Tisch und auf einer der nächsten Seite stand ein großer positiver Artikel über die politischen Freunde von Doris.

Na also!!

Das Wochenende der Familie Krumnacker nahm einen wunderschönen harmonischen Verlauf, und Freunde sahen die Beiden am Nachmittag verliebt turtelnd im Biergarten von Meyer,s Wirtshaus sitzen und die gute Küche und Getränke von Silvia und Jörg genießen.

Politik kann soooo einfach sein!!!

**Wolfgang Krumnacker**
**Oststrasse 49**
**40667 Meerbusch**

Stadt Essen
Der Oberbürgermeister
Straßenverkehrsamt
Bußgeldstelle

45121 Essen

Fax: 02 01 – 88 39 330

17. August 2002

Betr.: Aktenzeichen 0393/0.363.898.7 - Ihr Schreiben vom 9.8.2002

Sehr geehrte Damen und Herren,

zum o.g. Aktenzeichen haben Sie mir mitgeteilt, dass ich ein Bußgeld in Höhe von insgesamt Euro 58,12 zu zahlen habe. Anbetracht des schweren Vergehens, Überschreitung der zulässigen Höchstgeschwindigkeit von 24 km/h, eine angemessene Strafe, die ich auch sofort begleichen werde.

Des weiteren teilen Sie mir mit, dass ich nun 1 Punkt im Zentralregister habe. Dazu habe ich allerdings einige Fragen:

1. In welcher Farbe bekomme ich den Punkt ?

2. Wo wird der Punkt deponiert, das heißt, wo ist das Zentralregister ?

3. Kann ich meinen Punkt dort besichtigen?

4. Was geschieht mit meinem Punkt bei einem eventuellen Machtwechsel bei der Bundestagswahl am 22. September 2002?

5. Wie lange wird mein Punkt dort deponiert?

6. Hat der Punkt auch Gültigkeit für meine Payback- Karte ?

Für die Beantwortung meiner Fragen danke ich Ihnen im voraus. Falls der zuständige Sachbearbeiter in Urlaub ist oder krank sein sollte, lassen Sie sich Zeit mit Beantwortung, ich möchte auf keine Fall unhöflich sein und Sie bedrängen.

Mit freundlichen Grüßen

Wolfgang Krumnacker

182

Herm
Wolfgang Krumnacker
Oststr. 49

40667 Meerbusch

## stadt essen
Der Oberbürgermeister

**Straßenverkehrsamt**

Rathaus Porscheplatz

| Ihr(e) Ansprechpartner(in) | Zimmer |
|---|---|
| ████ | 6.11 |

☎ 0201/8████  Fax 0201/8████

| Datum und Zeichen Ihres Schreibens | Mein Zeichen | Datum |
|---|---|---|
|  | 0393/ 03638987 | 19.08.2002 |

**Ordnungswidrigkeit vom 12.05.2002 mit Fahrzeug NE-U 7365**

Sehr geehrter Herr  Krumnacker,

Ihr Schreiben vom 19.08.02 habe ich erhalten.
Die von Ihnen gestellten Fragen, kann Ihnen das Kraftfahrtbundes –Verkehrszentralregister-,
Fördestr. 16, 24944 Flensburg beantworten.

Ich hoffe, Ihnen mit diesen Angaben gedient zuhaben.

Mit freundlichen Grüßen
Im Auftrage

gez. ████

Sprechstunden:
Mo, Di, Do und Fr von
8:30 - 12:30 Uhr zusätzlich
Mo, Di 14:00 - 15:00 Uhr und
Do 15:00 - 18:00 Uhr
Mittwochs geschlossen

Konten der Stadtkasse:
Sparkasse Essen BLZ 36050105 Kto. 245100
Postbank Essen BLZ 36010043 Kto. 2650435
und Konten bei anderen Essener Banken

T-Online *93 55 55#
Internet http://www.essen.de
E-Mail info@essen.de

(300-WORD)